한국무용사

| 박순자 저 |

머리말

역사를 돌아보며…
무용의 미래를 기대하며…

모든 분야의 연구에 있어서 사적 고찰의 접근은 필수적인 작업입니다. 춤이 무용으로, 무용이 무용예술로… 오늘날의 모습으로 자리 잡기까지의 과정에는 선조들이 면면히 이어 온 삶과 뗄레야 뗄 수 없는 것이 중요한 진리요 능력이며, 원동력이라고 할 수 있기 때문입니다.

인간이 움직이지 않거나 움직일 수 없거나 움직임의 필요성을 느끼지 않는다면 죽은 것이나 다름이 없는 것입니다. 즉 온 마음으로, 온 몸으로, 온 생각으로, 느낌이나 반응을 드러내지 못하거나, 하지 않는다면 그것은 만물의 영장인 인간이라고 할 수 없을 것이기 때문입니다. 그러므로, 무용은 인류의 역사가 끝나는 그 순간, 동시에 종료되는 분야 중 가장 필수적이고 중요한 분야라고 봅니다.

자손이 태어나면 즐거운 잔치가 배설이 되고, 누군가 이 세상을 떠나면 통곡과 오열을 합니다. 말로해서 안되면 온 몸짓을 모두 사용할 수 밖에 없는 인간의 몸짓은 살아있는 증거요, 표현의 극치라 할 수 있습니다. 이러한 측면에서 그간 한국무용사를 강의해 오며 몇 편의 논문을 쓰게 되었고, 이를 바탕으로 다시 느끼고 재분석하여 좀 더 진보된 무용사를 쓰게 되었습니다.

본서는 주로, 무용에서의 여성의 역할, 그 영향력에 중점을 두고자 하였습니다. 최근에

• • • • • • •

는 여성 무용 전문가들의 활약이 왕성하기 때문입니다. 과거를 알고 오늘에 적용하며 오늘의 적용이 미래의 희망을 이루는데 힘이 되어야 한국무용의 진정한 발전이 있을 것이라는 측면에서 살펴보고자 하였습니다. 또한 무용예술의 미래지향적 제언 및 참고해야 할 자료 및 동향을 살펴보았습니다.

쓰면 쓸수록 부족한 것이 많이 보입니다. 더 알아야 한다는 생각도 듭니다. 그래서 아는 것이 힘이라고 하였던 말의 의미를 이제도 깨닫습니다.

나름대로 한국무용사를 보는 이들에게 한국무용계의 주변을 상식적으로나마 전하고 싶은 자료들도 더 첨부 하였습니다. 시작이 반이라고 하였듯 그래도 내심, 마음 속 깊은 곳에서 이끄는 대로 용기내어 마무리 할 수 있어 감사하다는 마음이 듭니다. 늘 조용히 격려하여준 동반자 최태환님, 수고한 김수진, 조선하 제자와 강미리 조교, 그림을 그린 최주현님, 출판사 진수진 사장님께도 감사의 마음을 전하며 글을 맺습니다.

"네 시작은 미약하였으나 네 나중은 심히 창대하리라"(욥기 8:7)

2016. 3

박순자

「수건춤 재창작, 마리아의 통곡, 안무 박순자」

「서울시립무용단 정기공연 리허설 중
김천흥, 문일지선생님과 함께」

「서울시립무용단 정기공연 리허설 중
한영숙, 이매방선생님과 함께」

C O N T E N T S

차례

I

한국의 역사적 변천과 무용 및 여성 무용가의 역할

+++++

본 장은 숙명여자대학교 아시아여성연구소의 학술지「아시아여성연구」에 게재 된 저자의 연구 『한국무용사를 통한 여성무용가의 위치(Vol.31 NO.-(1992))』와 『동 · 서양무용사를 통한 여성무용가 출현의 사회적 배경과 영향(Vol.40 No.-(2001))』을 수정 · 보완 하였음.

오늘날 현대사회는 고도의 경제성장 및 학문의 발달과 더불어 정보화, 국제화로 인해 모든 분야의 목적 및 취지도 달리하고 있다. 그 가운데 무용예술이 생활의 수단이며 목적이 된 과거의 차원에서 벗어나 오늘날 문화전반에서 중요한 위치를 담당하고 있다. 각종 올림픽 행사 및 국위선양에 관계되는 행사참여, 시민 정서 순화, 민족예술의 고취, 전반적 연령에 해당하는 다양한 무용의 목적으로 그 참여범위 및 차원은 확장, 상승되고 있는 것이다. 이에 그간 무용 발달과 유기적 관련을 맺어온 여성 무용가의 위치는 무엇이며, 앞으로는 어떠한 위치로 성장되어야 하는가에 대한 지표를 설정하는 것이 필요하다고 본다.

그간 한국 무용사를 접해오는 동안 무용가의 등장, 활성화 상태, 위치의 정립 등에 대하여 관심을 갖게 되었고, 역시 그러한 사항 등이 무용사의 발전과 무용의 발달에 어떠한 관계가 있는지에 대하여 의구심을 갖게 되었다. 한편, 오늘날과 같이 급성장, 발전해가고 있는 무용예술과 무용가들의 급증, 그 다양성의 표출화와 제작화, 이론화 등이 빈번한 이때에, 특히 여성 무용가들이 차지하는 비중은 가히 비대하다고 볼 수 있겠다. 이러한 현실 속에서 일반적으로 가시화(可視化) 되거나, 개념화(概念化)되었던 여성 무용가의 모습은 과거 사대주의적, 일상적, 무의식적 사상, 사고, 개념의 비진취적 관념의 범주를 벗어나지 못한 채, 무용예술 발전에 기여하고 있음을 느꼈다. 때로는 무용가들 스스로가 벗어나지 못한 상태에서 구체적 방안에 의한 현실의 탈피 및 발전방법의 모색에 대하여 다각도의 노력을 하고 있다고 해도 과언은 아닐 것이다. 그러므로 무용사의 고찰을 통해서 무용의 발전과 무용가들과의 관계는 어떠한지, 그 과정 및 결과의 분석을 통해 무용은 여성의 소유물, 여성의 독자적인 것, 여성미의 대명사로 지칭할 수 있으리만큼 소극적 인식 속에 있는 오늘의 무용을 문화의 일부분으로서 그 역할을 잘 감당할 수 있도록 하고자 한다. 또한, 현재의 무용의 지배적 인구가 여성인 만큼, 여성 무용가들의 올바른 위치 정립 및 사명감을 정립할 수 있도록 하여 무용의 발전과 여성의 발전에 기여할 수 있기를 바란다. 이에 문헌 및 논문 등의 이론적 자료를 바탕으로 다음의 내용을 살펴보고자 한다. 첫째, 무용적 시대분류를 고대부족국가, 삼국시대, 고려시대, 조선시대, 근대, 현대로 분류하여 살펴본다. 둘째, 무용사의 고찰을 통하여 그 종교적 배경을 분석한다. 셋째, 무용사의 고찰을 통하여 무용가의 일반적 위치 및 역할을 분석한다. 넷째, 무용가의 일반적 위치 및 역할 분석 결과를 통하여 여성 무용가의 위치를 규정한다. 다섯 째, 여성무용가가 무용사에 끼친 영향과 무용의 발달과의 관계를 분석한다. 여섯 째, 현대의 무용의 배경과 여성 무용가의 위치 및 역할을 제안한다.

01

고대부족국가의 무용(BC100~4C)

일반적으로 우리나라의 고대의 무용은 제천의식에서 비롯되었다고 한다. 무용이라기보다 총체예술의 개념을 가진 유사개념의 것으로 간주해야 할 것이다. 신(神)이 계시다는 것을 믿으며, 제사장, 천군, 군왕 등의 직분을 통해 모든 인간의 삶과 관계되는 대 · 소사를 빌고 의지하는 의식적인 삶이 고대 민족의 바탕이요, 의지이기도 하였다.

『삼국유사』에 의하면 천제의 아들 환웅 천왕이 홍익인간의 대망을 품고 태백산 마루에 내려와 웅녀와 결혼하여 단군왕검을 낳았으니 단군은 단기 원년 왕검성에 도읍을 정하고 나라의 이름을 조선이라 하였으며, 천 수백 년 나라를 다스리다가 후에 아사달에 들어가 산신이 되었다는 것이다. 천왕이라는 것은 고조선 즉, 우리 고대사회에 널리 공통되는 수호신의 이름으로서 부락과 성읍에는 으레 이 천왕을 위하는 제단, 즉 천왕당(후에는 서낭당이라고 함)이 있었으니, 단군은 그 제사를 맡은 제사장으로서 환웅천왕을 조상신으로 받들어 위하던 고조선의 제정일치시대의 군장인 것이다(김용덕, 1992: 299-200). 이러한 기록과 같이 천제의 아들이 내려와 아들을 낳았고 그 아들 단군이 나라를 다스리되, 직접 신분에 관계없이 제사장이 되어 나라와 민족을 사랑하는 제정일치의 치국을 하였고, 하늘로부터의 어떠한 뜻이 우리나라에 임하여 건설되었다는 것이다. 이러한 제정일치 시대에서의 종교적 상징성을 드러내는 삼신을 순수한 우리말로 이름 하면 환인은 한임이고, 환웅은 한울이며, 환검은 한큼이라 불러야 한다고 한다. 즉 삼신은 각기 다른 개체를 말함이 아니라 한 뿌리에서 나온 분신체들이라는 것이다 삼신은 원래 하나이며 위격이 셋으로 갈라질 뿐이다. 삼신은 조화, 교화, 치화의 세 기능을 담당하고 있을 뿐, 분리해서 존재할 수 없는 절대적인 큰 하나인 것이다(석영환, 1991:83). 기독교의 성경에서는 성부, 성자, 성신의 삼위신이 일체임을 가르쳐주고 있으며, 이것이 근본의 신이라고 믿고 있다. 이를 우리의 단군 설화에 나오는 세분과 대응시켜 본다면, 환인은 아버지 되시는 하나님, 환웅은 성령 되시는 하나님, 환검은 아들 되시는 하나님에 해당된다고 할 수 있겠다. 이와 같이 기독교의 삼위일체신관과 우리 민족의 고대 삼위일체신관과의 관계성이 일치하고 있음을 발견 할 수 있는 것이다(석영환, 1991:83). 이상의 사실에 비추어 볼 때, 삼국유사에서 앞서 밝힌 바와 같이 천제, 환웅, 단군, 삼신으로 이어지는 고대국가 건립배경은 기독교적 삼위일체신관과 흡사한 것을 알 수 있다. 애국가에서도 나타나 있듯이 '하느님이 보우하사, 우리나라 만세'라는 구절은 우리 민족의 경천사상을 잘 나타내주고 있는 것이다.

이러한 종교적 국가건립배경을 갖고 살아온 우리 민족은 그 부족이나 씨족장이 제사장임과 동시에 군장이었다. 다시 말하면, 씨족사회의 족장이나 추장은 신격을 가진, 즉 신의 계시를 대변하는 역할을 했고 민중을 대신해서 기축하고 악령을 구축하는 일을 맡았다(정병호, 1985:21). 이렇듯 오랜 세월 하늘에 의지하고 영적인 생활로 민심이 다스려지고 스스로 보호받기에 합당하였다고 볼 수 있다.

원시인들에게 있어 생명에 직접 위험을 주는 질병과 사망에 관한 연상(聯想)은 신필불가해(神必不可解)의 중요한 문제였다. 그들은 눈에 보이지 않는 자연의 일악신(一惡神)이 인간이나 동물에 붙어 질병과 사망을 가져다주는 것으로 믿었다. 이에 주술(呪術)과 무축(巫祝)등 의식(儀式)이 발생하고 이 제의식(祭儀式)을 통해 예술이 태동하게 된 것이다(정병호, 1985:20). 이와 같이 제정일치 및 제천의식으로 말미암아 각종 파생된 의식이 오늘날 무용 및 예술의 모체가 된 것이라 추측할 수 있다.

인간의 나약함과 자연으로부터의 피해를 하늘의 신에게 의탁하며 악을 의식하고 경건의 삶을 살았던 우리 선조들의 삶이 오늘날 현대인의 삶과는 현저히 차이가 있음을 드러내며 일단, 무용 및 예술의 모체라 할 수 있는 각종 의식의 주관자들이 제사장, 천군, 군왕, 부족장 등으로 그 위치 및 신분에 있어서도 차이점이 있음을 알 수 있다.

이러한 의식들은 어떠한 내용으로 진행되고 형성되어 왔는지 살펴볼 필요성이 있다.

제천의식은 영신의례(신을 맞아들이는 의례)와 축귀의례(잡귀를 쫓는 의례), 그리고 파종의례, 성장의례, 수호의례라 할 수 있다. 이러한 모임에서의 춤판(무장)은 강신과 신장이거나 잡귀들이 침범할 수 없는 성역으로 되어 있기 때문에 부정이 없는 신선한 공간이라 할 수 있으며, 또한 공동체적 단합생활의 현장성 무용이거나 아니면 공동체적 단합 춤이라 할 수 있다. 따라서 이러한 춤은 수직적인 춤과 수평적인 춤, 음양(남녀)의 춤, 그리고 발작적인 감정적인 춤과 신체조화를 이룩한 춤 등의 복합적인 성격을 띠었으리라 보아진다. 즉, 수직적인 춤은 무왕이 조무하며 천신과 접신하고 지신(악신)을 밟아버리는 주술행위에서 나온 춤으로서, 이러한 춤은 영신과 축귀적 기능의 지배자의 춤이라 할 수 있다(정병호, 1985:22-23). 음이 여왕의 춤이라 한다면 양은 투사의 춤이라 할 수 있다. 따라서 여왕의 춤은 요염하고 아름다운 춤을 추며 투사의 춤은 거칠고 전투적인 춤을 추게 된다. 또한 발작적인 춤은 어떠한 상황에 흥분하거나 음주로 말미암아 춤추게 되며 신체조화를 이룩한 춤은 예기가 뛰어난 춤꾼들의 춤이라 할 수 있다(정병호, 1985:23). 또, 우리 한민족은 원래 하늘에 제(祭)하고 길흉화복(吉凶禍福) 및 제재초복(際災初福)을 비는 신앙(信仰)을 가지고 있었고, 한민족이 하늘에 제사하는 제천의식에 대하여는 위지(魏志), 한서(漢書), 후한서(後漢書) 등에 기록되어 있다. 위지동이전(魏志東夷傳)[1)]에 의하면 부여에서는 납월(臘月)[2)]에 하늘에 제사하고 대회를 열어 연일 음주가무(飮食歌舞)하였으니 영고라 불렀다고 하며 이때에 죄인들을 풀어주기도 하였다(김온경, 1986:42).

우리나라 춤에 관한 최초의 기록으로 「오경통의(五經通義)에 동이지락(東夷之樂) 지모무(技矛舞) 조시생야(助時生也)」라고 한 대목이 있다. 이 원시무용은 병기창을 들고 추었다고 하는데 그 당시의 신속으로 보아 농사와도 관련이 있는 전투무적인 성격의 무속의식무용이 아닌가 한다(정병호, 1985:20-21).

마한조에는 그 춤추는 모습은 수십 인이 앞사람의 뒤를 서로 따르며 땅을 밟으면서 구부렸다 젖혔다 하며 손과 발이 서로 맞는데, 그 절주는 마치 탁무(鐸舞)와 비슷하다. 탁

1) 중국 진나라 초기 진수가 엮은 역사서인 삼국지의 한 부분

2) 음력 12월 달리 이르는 말

무는 무용수들이 손에 '탁'(큰 방울)을 손에 들고 추는 춤 혹은 무곡을 뜻하며, 10월 농사가 끝난 뒤에도 또한 이와 같았다고 하였다(전완길, 1980:130).

이 외에도 고구려의 동맹, 예의 무천, 부여의 영고, 마한의 오 · 십월제 등이 있는데, 대부분 추수가 끝난 10월에 행해졌지만 삼한의 경우는 5월과 10월에 각각 거행되었으며 이를 통해 당시의 제천의식들이 파종기, 수확기와 연관성이 있는 계절제임을 알 수 있다. 단, 부여의 영고는 은(殷)나라의 정월(12월)에 이루어졌다. 또한 고대에는 비가 오지 않을 때, 기우제를 지내며 하늘에 제사를 드렸고, 이러한 의식은 소도(蘇塗)에서 이루어졌다. 신성(神聖)지역인 소도는 죄인이 소도로 들어오면 죄인을 잡는다거나, 내보낼 수 없고, 법 집행을 할 수 없는 곳이다. 더불어 소도에는 솟대가 있는데, 솟대는 경사의 의미나 축하의 의미 등 민간신앙의 목적으로 세우는 긴 대를 말한다. 즉 소도는 희노애락이 모두 머무는 성역이자, 제천의식이 이루어지는 곳이다. 이와같이 소도에서 이루어지는 제천의식들은 주야로 쉬지 않고 추수 전후로 파종이 잘되고 풍성한 수확이 이루어지도록 음주가무 등 농경생활을 통한 단합적 무용의 형태가 발전하였던 것을 알 수 있다. 또한, 고대 부족국가시대에서 두레제도를 빼놓을 수 없다. 두레는 일반적으로 마을(자연촌) 단위로 조직되어 동네 전 경지면적을 전동민(여자와 노약자 제외)이 공동으로 동시에 경작하는 조직, 한국사회에서 옛 부터 존재해온 공동노동을 위한 마을 성인 남자들의 작업공동체라고 정의할 수 있을 것이다-중략- 두레하면 으레 농악을 연상할 만큼 두레와 농악은 바늘에 실 가듯 반드시 따르는 것(김용덕, 1992:153) 이라고 하였다. 두레의 성원 자격은 16~7세 이상부터 55~6세 이하의 모든 성인 남자이며 평균 20~30명으로 조직되지만 큰 두레는 50여 명으로 구성되었다.

이상 살펴 본 바와 같이 천군 및 제사장 등의 직분으로 신분고하의 차별보다 신을 믿고 의지하며, 여성과 어린아이, 노인들을 보호하며, 남성중심의 농경문화가 주를 이루었다. 영신의례, 축귀의례에 의한 질병, 재해, 풍년, 평안 등을 기원하는 제천의식 및 제정일치를 배경으로 하늘과 신을 섬기는 마치 기독교적 정신을 생활화한 고대부족국가의 무용은 농경적, 생활적, 의식적이며, 신분의 귀천 없이 행하여졌던 의식적 무용이 상대적으로 서민들에게는 주술적, 희락적, 실용적 무용의 형태로 옮겨졌다고 볼 수 있다. 무용의 종류는 앞서 밝힌 바와 같이 경신 또는 접신무용, 농경무용, 전투무용, 수확무용, 성무용 등으로 생활전반에 걸쳐, 마치 삶이 무용인 듯 하였고 그 형태는 대체적으로 의식적인 파종, 성장, 수호 의례가 있는 제례무용 외에는 동적이며 감정적인 그리고 군집의 무용이 있었음을 알 수 있다.

02

삼국시대의 무용(4C~7C)

고구려, 백제, 신라 및 통일신라의 무용사적 배경은 역시 유교 및 도교, 불교 혹은 무속신앙에 중점을 두고 발달하여 왔으며 중국의 영향 등, 외래문화와의 접촉도 이루어진 시기로 보아 무용이 무용예술로서 그 면모를 갖추어 나간 시대이다.

삼국시대에 들어와 부족장은 중장귀족으로 대두하고 왕권은 절대왕권으로 바뀜에 따라 귀족과 천민의 계급이 뚜렷하게 구분되었다. 이렇게 성립된 절대왕권을 확립하기 위해서는 피지배자를 통치하는 권력이 필요함은 당연한 일이었다. 그리하여 피지배자에게 군왕에 대한 절대 복종과 충성심을 불어넣기 위한 수단으로 예술이 사용되었고 춤도 이에 따라 발달되었다(김매자, 1990:9). 또한 상류층에서는 자기 자신이 춤 추거나 노래 부르는 것에 상당한 관심을 가졌다(김매자, 1990:30-21). 또 지배계층은 외래문화에 마음을 두고, 생활양식을 모방하였으며, 남녀의 지위는 대체로 평등하고 통일신라시대도 일부 지배층을 제외하고는 여자들의 지위는 동요되지 아니하여 남녀의 가무가 성행하였다(정병호, 1985:25). 이를 통해 고대부족국가에 비해 지배자, 피지배자의 위치가 확고하여지고, 무용이 특권계급에 의해 발달되면서, 그들의 소유물, 독점물과 같이 일면(一面), 특수화된 것을 알 수 있다. 또 외래문화와의 접촉 및 기호 성향이 높아짐에 그 내 · 외면적 구조 및 형태 또한 종래의 형식을 탈피하고 모방, 재창작되었을 것이며, 따라서 좀 더 예술적 형태로 발달되었다고 볼 수 있겠다. 이러한 여건을 더욱 더 분명하게 성립시킬 수 있었던 것은 고대부족국가시대와 같이 종교적 영향을 무시할 수 없다. 앞서 밝힌 바와 같이 고대부족국가의 종교적 흐름과는 다르나 유교 및 도교, 불교 또는 무속신앙 등이 무용예술의 형태 및 내용을 발전시키는데 일익을 담당한 것으로 볼 수 있을 것이다.

1) 고구려(BC 37~668)

삼국 가운데 가장 먼저 불교를 받아들여 불교예술을 창립하였으며 중국의 남 · 북조문화를 자기 것으로 조화 · 수용시켜서 나름대로의 독특한 예술을 창조했다. 고려악이란 훌륭한 악(樂)으로 대규모의 가무를 편성하여 고구려인의 강건한 기질과 강력한 국력을 과시하는 발랄하고 직선적이며 동적인 춤을 만들어냈다. 각저총, 무용총, 수렵총, 동수묘 등의 벽화에서 무용가와 음악인의 생생한 표현으로 고구려인의 생동하는 기개를 느낄 수 있을 뿐 아니라, 이 때 이미 무용과 음악이 독립되었다(정병호, 1985:25). 이를 통해 불교적 예술의 탄생과 외래예술과의 접촉 및 수용, 그리고 재구성 등이 이루어졌다는 것과 고대부족국가에서의 생활 무용적이며 순수하였던 자연발생적 의식이 아닌 형식과 내용면에 예술적 구조를 갖추어서 문화형성에 크게 기여하였다는 것이다.

일반적으로 흔히 통구에 있는 무용총을 통해서 고구려의 무용형태를 알 수 있으나 매큔[3](Evely Macune, The Art of Korea Illustrated History)여사는 통구에 있는 무용총의 가무도는 남녀 혼성의 무인들과 가수들이 각기 열지어 있는데, 그 복장이 주름 잡힌 치마, 길게 입는 속옷, 축 처진 바지, 뾰족한 신으로 이루어졌으며, 그것이 오늘날의 한국 무용들의 무작과 흡사하다는 것은 흥미 있는 일(조요한, 1991:192)이라고 하였으며 벽화의 모습을 구체화시켜 명백하게 밝히고, 오늘날 무용가들의 모습과 그 당시 벽화에 나타난 모습의 흡사함을 지적하면서 긴 세월 동안 큰 변화 없이 그 맥이 흘러왔음을 밝혀주고 있다. 뿐만 아니라 왕산악이 칠현금을 개조하여 거문고를 만들었고 또한 백 여곡을 작곡했음을 볼 때, 고구려의 예술들은 중국의 문화를 그대로 모방한 것이 아니라 국가적인 지원

---

3) Evely Becker Macune(1907~2012), 한국 감리교 선교사의 딸로 태어난 한국미술사를 쓴 선구적 서양학자이며 1945년 한국의 문화기념물의 목록 준비 지원, 대전 지역의 문화유산의 보호에 관한 위원회의 극동섹션에서 자원 봉사도우미, 1954~1955 유엔 한국 재건단을 위한 연락장교 등, 사회적 예술적으로 한국사회에 일조함.

하에 고구려화시키는 작업들이 이미 행해졌음을 알 수 있으며, 또한 국교가 불교일 때 이런 작업들이 이루어져 근원적인 사상의 바탕은 불교사상에서 이루어졌을 것으로 보았다(김현숙, 1991:35). 이러한 점을 미루어볼 때 외래문화의 맹종적 수용이 아닌 국가적 차원에서의 적극적, 진보적 수용이 이루어졌음과 무수한 음악의 작곡 및 발달로 말미암아 무용의 발달에도 큰 영향력을 끼친 것으로 볼 수 있을 것이다. 이상의 배경으로 발전한 고구려의 구체적인 무용의 형태, 내용은 어떠한 것인지 살펴보도록 하겠다.

위지(魏志)에 의하면 고구려시대의 풍속에는 부락의 남녀가 밤낮으로 귀천을 떠나 한 자리에 모여 군집적(집단) 무용을 하였음을 알 수 있다(정병호, 1985:26). 구당서[4] 음악지에도 고구려의 통구 무용총의 벽화내용을 자세히 설명하고 있는데, 악공인은 붉은 비단 모자에 새의 깃으로 장식하고 노란 빛깔의 큰 소매에 붉은 비단 띠를 띠고, 몹시 넓은 바지를 입고 붉은 가죽신에 오색 끈을 하였으며, 무자(舞者)는 4사람인데, 머리를 뒤로 뭉치고 붉은 빛깔의 수건으로 머리를 동이고 금사슬로 장식하였다는 것이다. 2사람은 노란 치마 저고리에 붉고 노란 바지를 입고, 2사람은 붉고 노란 치마 저고리와 바지를 착용하였는데, 그 소매는 몹시 길고 오피화를 신었으며, 또한 춤은 짝을 지어서 추었다고 하였다(장사훈, 1984:133). 또 고구려 사람들의 화장이나 장식에 관한 기록은 우리나라 문헌에는 보이지 않는다. 다만 고분의 벽화에서 유추할 방법 밖에 없는데, 5~6세기경의 고분으로 보면 머리에 관을 쓰고 있고 뺨을 연지로 단장하고 있는데 쌍용총벽화의 여인상이 연지로 화장하고 있다. 더욱이 수산리 벽화의 주인공은 귀부인이고 쌍용총벽화의 주인공은 여관 또는 시녀로 보임에도 연지화장을 하고 있으니 상하여인들이 모두 화장을 한 것으로 보았다(전완길, 1980:29-30). 고구려의 고분인 팔청리, 약수리, 수산리 등의 벽화에 나오는 각불기, 북치기, 칼싸움, 죽마타기 등이 모두 가무백희에 속한다고 할 수 있다(전완길, 1980:140). 이를 통해서 신분의 귀천 없이 단장을 하고 여자들도 각종 행사에 참여 한 것을 알 수 있다. 호선무 같은 경우도 무녀가 큰 공 위에 올라서서 종횡으로 등척하여 추었는데 무척 기개가 강한 것 조차도 남녀 구별 없이 참여할 수 있는 강인한 민족

4) 당나라의 정사(正史)로 940년에 편찬해 945년에 완성된 이십사사(二十四史) 가운데 하나이다. 크게 본기(本紀), 지(志), 열전(列傳)으로 나누어지며 음악지는 4권으로 지(志)에 포함.

성을 여실히 나타나고 있다.

삼국 중 문화수준이 가장 진보했던 고구려의 남녀는 매우 화려했던 것이다. 공사에는 반드시 비단옷에 금으로 장식하고 가죽신을 신었으며, 새의 깃으로 장식한 모자를 썼다. 다만 장신구를 비교할 때, 백제 · 신라처럼 복잡한 수식이 적고, 단순한 점으로 미루어 담백한 일면이 있었던 것으로 생각된다(전완길, 1980:30). 구당서에 무용수 4인이 머리 뒤로 상투를 짜 올리고 이마에 곤지를 바르고 황금 귀고리를 단 두 사람이 누런 상의에 붉고 누런 바지를 입고 긴 소매에 검은 가죽신을 신고 쌍쌍이 서서 춤 춘다(송수남, 배소심, 김미자 공저, 1991:83)는 기록을 통하여 고구려의 무용수들의 복식 및 춤의 형태가 거의 유사한 양상으로 발달되어진 것을 알 수 있다. 또 고구려의 무용의 변모는 만주 통구에서 발견된 무용총 벽화에서 구체적으로 볼 수 있는데 넓고 긴 소매의 두루마기와 비슷한 윗옷을 입고 왼손을 허리 위에 얹어 오른손을 옆으로 들고 오른발을 앞으로 내딛는 자세의 열무(송수남 외 2인, 1991:30)라는 내용에서 나타난 바와 같이 오늘날 추어지고 있는 한국무용 동작과 유사한 점이 있으며, 고대부족국가시대에 비해 질서 있고 계획적인 형태를 띄고 있음을 알 수 있다.

이상 살펴본 바와 같이 고구려의 무용은 불교적 영향과 외래문화의 영향으로 말미암아 지배자와 특권계급의 적극적 관심 하에 구체적이고 광범위하게 발달되었으며, 귀족과 천민의 구분으로 인해 무용의 목적은 희락 또는 특권층의 권위과시 등으로 사용되었다. 더불어 서민층에서도 역시 집단적 단합, 생산적인 의미에서 지속적으로 남녀 구별 없이 집단적으로 가무백희 하였고, 음악과 무용의 분리 및 의상의 색상화, 고급화, 장식화, 조형화 및 고도의 기술화가 무용예술로서의 면모를 갖추기 시작한 것으로 볼 수 있다. 남녀의 움직임의 모습이 특별히 구별화되지 않은 특징이 있음을 알 수 있다. 즉, 호선무에서의 무녀의 모습으로 볼 때 남녀구별이 없이 활동적이었다고 보여진다.

2) 백제(BC 18~660)

백제의 무용은 왕성한 활동이 있었던 반면 오늘날 잔존하는 작품의 수 및 내용, 형태가 무척 미약하다.

침류왕 원년(384)에 진으로부터 호승인 마라난타가 들어와 처음으로 백제에 불교를 전함으로써 정신적으로 풍요해졌으며, 예술에 있어 아름답고 우아한 멋과 섬세한 미의식을 갖춘 것이 특징이다. 불교의 수입과 더불어 문화적 영향도 받았는데 중국 남조악인 청악계(清樂系)의 영향을 받아 남조문화를 수용하여 백제의 무용에 다소 영향을 끼쳤다고(김현숙, 1991:37) 볼 수 있다. 백제 역시 고구려와 같이 불교의 영향과 중국의 영향을 받았는데 단지, 고구려는 중국의 남북조의 영향을 백제는 남조의 영향을 받았다는 것이 다르다.

백제는 경기 · 충청 · 전라도 지역의 54개 부족국가를 통합한 다음 중국과의 문화교류를 하였고 삼국 가운데 문화예술이 가장 발달하였다(김매자, 1990:11). 이에 군집의 능력과 불교의 도래, 중국 문화 교류 등으로 모든 면이 안정되어 있었을 것으로 추측되나 오늘날 문헌상 분명히 나타나는 것은 미마지의 기악일 뿐이다.

일본서기의 기록에 따르면 추고천황 20년(612)에는 백제 사람 미마지(味摩之)가 귀화하여 말하기를 '오에서 배워 기악무를 얻었다.'고 하였다. 이에 대화국(大和國) 십시군(十市郡) 앵정(櫻井, 사쿠라이)에 살게 하고 소년들로 하여금 그 악무를 익히게 하였다(장사훈, 1989:8)고 하였는데 이러한 기록을 통해 정식으로 일본에서는 이미 음악과 무용을 익혔고, 그들의 학습기관을 개설하여 별도로 특수교육화한 것을 알 수 있다. 또한, 중국의 오나라에서 배워서 일본으로 전한 것을 볼 때, 문화적 교류가 원활히 이루어졌음을 알 수 있다. 또한, 고대 일본국가 형성에 백제가 지대한 영향력을 끼쳤다는 역사적 근거를 통해서 백제의 다방면의 역할이 큰 영향력을 끼쳤음을 알 수 있다.

기악무는 불교전파를 위해 만들어졌다. 당시 수행자들이 고승으로 인정받기 위해서는 악무를 교양으로 몸에 익히는 것도 필요하였으므로 불교악으로서 기악무의 중요성을 충분히 짐작할 수 있다. 이것은 일본으로 건너가 귀족 자제들에 의해 전파된 고급예술이라는 점에서 상민에 의해 발생된 탈춤과 내용을 달리 한다(김매자, 1990:11). 또한 기악무는 흔히들 불교에서 인용되는 말로서 부처님을 공양하기 위함을 뜻하는데, 이는 불교의 포교를 목적으로 권선징악의 내용(김현숙, 1991: 39)으로 되어있다. 또한, 8만 4천의 천녀가 여러 가지 기악을 작(作)하여 와서 이를 맞이한다는 내용에 의해 기무악은 오로지 천녀가 행하였음을 알 수 있다. 이에 기악무는 포교를 목적으로 하며 불교와 밀접한 관계를 갖고 권선징악의 사회성 · 윤리성을 내포하였다고 볼 수 있다. 아울러 무척 아름다우며 고도의 예술적인 무용의 형태와 도(道)를 통해서만이 얻어지는 재주를 넘어선, 예술의 경지의 것임을 알 수 있다. 또한 천녀가 작(作)을 한다고 한 것은 그만큼 아름다운 음악과 무용이기에 그에 상충하는 연기자를 필수적으로 택하였을 것으로도 보인다. 그런데 이러한 성향이 바뀐 사실도 볼 수 있다. '오나라의 기악 외에도 조정에 올린 외래악은 당악 · 고려악 · 도라악(兜羅樂:제주도의 음악이라고도 함), 발해악, 임읍악(林邑樂:인도의 악무라고도 함) 등이 있었으나, 조정에서는 아악료[5]에서는 남자, 내교방[6]에서는 여자에게 속하는 것을 각각 익히게 하였다. 내교방에서는 당의 제도를 모방하여 때로는 100명의 기녀(무희)가 있었고, 아악료에서는 악료의 가인(歌人), 가녀(歌女), 무생(舞生)들이 고유의 악무를 배웠는데 외래악을 배웠던 것이다. 내교방이 폐지된 연대는 분명치 않으나, 내교방이 폐지 된 뒤로 여무(女舞)였던 것이 남무(男舞)로 바뀌게 되었다(장사훈, 1989:11-12)는 것과 같이 무용가가 여성에서 남성으로 바뀐 것과 여성 무희와 남성가인(歌人), 가녀(歌女), 무생(舞生)을 분리하여 그 능력과 특색에 맞게, 또는 그 연희 목적 및 대상에 따라 기능을 달리한 것을 알 수 있다. 또 조정에 올려 진 외래악 중 제주도, 인도 등 그 수입지역의 분포도가 다양한 것으로 보아 백제의 문화 및 무용예술이 무척 활달하고 다양했던 것을 짐작할 수 있는 것이다. 그러나 어떤 연유로 100여 명 정도의 무희를 양성하였던 문화제도가 폐하여지고 남무로 바뀌게 되었는지에 대하여서는 깊이 연구, 분석해야 할 요인 중 하나인데 백제왕조시대의 국제적, 타국과의 동맹 등 결혼으로서 화친 및 국력 확장을 시도하였던 잦은 전쟁과 토목공사, 지나친 사치와 향락 등에 의한 정치적

5) 고대 일본의 왕립음악기관

6) 기녀를 중심으로 하여 가무를 관장하였던 기관

사회적 불안정으로 인하여 궁정의 문화적 변화가 있었을 것으로 볼 수 있다.

이상 살펴 본 백제의 무용은 불교의 영향, 중국 남조 및 고구려 등 외래문화의 영향으로 불교 포교 및 특권계층의 행사용으로, 연희용으로, 고승으로 인정받기 위한 것 등으로 발전을 했다는 것과, 일본으로 수출할 수 있었다는 것, 미마지와 같은 무용가의 배출 및 천녀를 비롯한 많은 관기와 남자의 음악, 무용인의 양성이 무용사에 있어서 중요한 사실인 반면, 구체적으로 의상 및 춤동작 등 그 형태에 대하여는 확실히 알 수 없음이 아쉬운 점이라 할 수 있겠다. 그러나 오늘날 백제 무용의 대표적인 기악이 원형과 같지는 않으나 많은 산대잡희, 탈춤 등을 통하여 그 맥을 면면히 유지하고 있음이 다행스럽다고 하겠다.

3) 신라(BC 57~935)

지리적으로 중국과 멀리 떨어져 있었기 때문에 삼국 중 가장 늦게, 그리고 이차돈의 순교에 의하여 불교를 공인하게 되었다고 하는데 신라는 신라고유의 사상 및 불교사상, 그리고 무속적인 신앙이 한때 어우러져 삼국을 통일할 수 있었다고 본다. 또한 통일신라에 있어서 대표적, 상징적인 것은 화랑제도일 것이다. 이러한 배경을 가진 신라는 진한 12국 가운데 하나인 사로[7](斯盧)가 중심이 되어 이룩한 나라로 초기에는 중추절[8]을 맞아 회소곡(會蘇曲)이라는 집단가무로 흥겹게 춤을 추었다. 회소곡은 신라시대 민간노래로 유리 이사금 9년(32년) 6부의 여자들이 두 패로 나누어 왕녀 두 사람으로 하여금 각각 한 패씩 거느리게 하고 7월 기망(旣望, 음력 16일)으로부터 길쌈내기를 시켜 팔월 보름에 이르러 그 성적을 심사하고 진편이 이긴 편에게 술과 음식을 대접하여 노래와 춤으로 즐기게 한 것을 말하며 그것을 가배(嘉俳)라고 하였다. 즉, 삼실뽑기 내기를 하며 진 편이 이긴 편을 축하하고 음식을 내어 가무로 즐겁게 놀던 일종의 여자 두레의 기원으로 길쌈경기와 품앗이를 하는 유풍(김매자, 1990:12)이었다. 가배를 행할 때에 진편의 한 여자가

---

7) 마을을 뜻함

8) 음력 8월 15일, 우리나라의 추석(한가위)에 해당하는 명절

'회소, 회소'라 하여 그 소리가 매우 슬프고 아름다웠으므로 뒷사람들이 그 소리로 인하여 노래를 지어 불렀고 그것이 곧 〈회소곡〉이며, 그 노래 내용은 전하지 않는다. "회소"는 지금의 "아서라", "말아라"의 뜻인 "아소", "마소"의 뜻으로 추측되며 삼국사기 신라본기 · 유리왕 편에 그 유래가 기록되어 있다(ko.m.wikipedia.org). 초기에는 여자들만의 두레형식의 집단가무를 배설하고 경기를 통하여 노동의 생산성과 수고에 대한 위로, 격려 및 화목 등을 목표로 문화장려의 성향이 무척 온건하고 적극적이며, 서민의 노동을 대중화한 것으로 볼 수 있다.

그런가 하면 신라 제2대 남해왕 3년(서기 6년) 봄에 시조묘를 세웠을 때, 그 주제자는 남해의 여동생인 아로였고, 남해왕은 차차웅이었다고 한다(장사훈, 1984:131).

「김대문운(金大問云) 차차웅(次次雄) 방언위무야(方言謂巫也), 세인이무사귀신(世人以巫事鬼神) 상제사(尙祭祀) 고외경지축칭존장자(故畏敬之逐稱尊長者) 위자윤혹지니사(爲慈允或之尼師) 금(今) 언위치매야(言謂齒埋也) -삼국사기 권 1, 14 제이, 남해왕(三國史記 券1, 14 第二, 南海王) 시립시조(始立市祖) 혁거세묘(赫居世廟) 사시제지(四時祭之) 이친매아노주제(以親媒阿老主祭) -삼국사기 권 32 잡지제일제사 (三國史記 권 32. 1 雜志第一祭祀)」

상기의 기록과 같이, 신라는 여성이 직접 주제하였으며 왕이 직접 제사하며 무(巫)의 신분 및 역할을 감당했다는 것은 점차 주술적, 무속적인 방향으로 흐르기 시작한 것이 아닌가 추측할 수 있겠다. 이렇듯 여성 중심의 유희적, 주술적인 무용예술의 형성과 더불어 백제와 같이 외래문화의 접촉 및 교환되었던 점을 발견할 수 있는데 윤공천황(允恭天皇:412-452)이 죽었을 때(452), 신라왕이 『군사정승의 '무'와 '용'〈예능과 문학〉, 민속문학강좌Ⅲ, 소수) (郡司正勝の '舞'と'踊'〈藝能と文學〉, 民俗文學講座 Ⅲ, 所收)』 80인의 악인을 보내어 장례 행렬에 따르게 한 것이 기록상으로는 최초의 외래악(新樂劇論 本論)이었다. 그 80인이 장례가 끝난 뒤, 귀국했는지 또는 귀화했는지 알 길은 없으나 흠명천황(欽明天皇) 15년(554)에는 백제의 악인(樂人) 수명이 교대하고 있다(장사훈, 1984:8)고

하였다.

악인(樂人) 가운데 용수(踊手)가 있을 것으로 보며, 특히 장례식에 신라왕이 친히 일본왕을 위하여 대다수의 악인(樂人)을 파견하였고 백제의 악인(樂人)과의 교대가 이루어졌음은 신라의 예술장려 및 보급과 그 활성범위가 무척 적극적이었음을 알 수 있겠다. 더더욱 신라에서 특기할 것은 유교·불교 등을 중심으로 한 호국정책으로서의 화랑제도(花郎制度)이다. 지방호족들의 세력이 비대해지기 시작하였고 이를 제지, 해소하기 위해 전통적 신앙이자 생활양식인 풍류도를 화랑(천지·자연에 대한 제의 중심적 사상이 주(主)가되며 특히 산신에 대한 신앙)의 이념으로 채택하여 유교·불교·도교의 삼교를 화랑도의 실천덕목으로 도입했다(김현숙, 1991:41).

이렇게 발생한 화랑제도를 통화여 영(靈)과 육(肉)의 일치를 생각하여 일종의 정신공동체의 '약자(若者)두레'의 단장으로 미모의 여성을 택하여 원화(源花)라 하였고 후일에 남성의 단장을 채택함에 있어서도 육체미(肉體美)를 갖춘 자를 화랑이라고 하였던 것이다. 이것은 아름다운 육체에 아름다운 정신을 깃들인다는 전체미(全體美)의 관념에 의한 것이다. 신라인의 영육일체의 생각은 그들의 불상조각(佛像彫刻)에서 찾아볼 수 있다(조요한, 1991:181-182)는 내용과 같이 국가정책의 하나로서 발족된 화랑제도는 단순한 육적인 강건함에 목적을 둔 것이 아니라 영육일체로서의 온전한 인격체(人格體)형성을 목표로 했으며 남녀 구분 없이 미적인 면을 고려한 고도의 수련단체였음을 인지할 때, 신라시대의 정치 및 문화면의 미학적이며, 진취적인 면이 강했음을 알 수 있겠다.

신라는 가야에서 망명한 악사 우륵을 통해 대가야의 음악을 수용하면서 신라의 예술을 더욱 발전시켰다. 우륵이 만든 가야금은 가야국의 가실왕이 만들고 우륵이 12곡을 지었다고 삼국사기에 전한다. 우륵은 6세기 전반, 가야국의 지명을 넣은 12곡을 제작하였지만 가실왕의 사망과 친신라계의 몰락으로 인해 가야국에서 더 이상 머물 수가 없었다. 이에 가야금을 가지고 신라로 망명을 하면서, 신라의 실정에 맞게 5곡으로 조정하였다. 그러나 우륵의 예술활동은 552년 이후 약 10년간 이어지는데, 이는 진흥왕의 명령에 따라 계고에게는 가야금을 법지에게는 노래를 만덕에게는 춤을 전승하며, 신라시대의 무용형성에 영향력을 끼쳤다.

통일신라시대만 하더라도 일부 지배층을 제외하고는 여자들의 지위가 동요되지 않은 가운데 남녀의 가무는 성행되었다고 할 정도로 개방적인 면을 갖춘 신라는 그들 고유의 춤 뿐만 아니라 고구려의 옛 무용을 이어 받아서 무용의 종류 및 내용이 풍부했던 것(송수남 외 2인, 1991:84)으로 본 것 처럼 대내외적으로도 역시 국가를 초월한 예술의 발달 또한 컸다고 보겠다.

한편, 일반랑도(一般郎徒)가 15세부터 18세 청소년이었음에 비해, 승려들은 청소년이 아닌 이미 일위(一位)의 대사(大師)였다(이진수, 1990:70)는 것과 화랑도에 속하고 있던 승려는 일반승려와는 구별되어 있었던 듯 삼국유사에는 다음과 같은 기사가 있다. 신승은 국선지도에 속하고 있어 다만 향가만을 알 뿐, 불가(佛歌)는 모른다(이진수, 1990:70)는 것과 화랑의 무용이 주술적, 종교적임을 증명하는 다른 하나의 증거로서는 현재 잔존하고 있는 그들의 노래가 거의 주술적, 종교적 목적을 가지고 있다(이진수, 1990:180)는 내용을 통하여 화랑도의 가악 및 무용이 구체적으로 어떠하였는가는 아직 밝혀지지 않고 있지만 일반인들과 승려들이 합류하여 종교적인 면을 추구하며, 신라인이 가무로 일본 천황의 죽음을 애도했다(이진수, 1990:176)는 것이나 화랑이 제사와 밀접한 관계가 있었다함은 그 기원이 한국 고대의 밝사상(광명이 세상을 다스린다는 뜻)에 있으며 그 사상에 의해 화랑이 출발하였다(이진수, 1990:177)는 것에서 밝혀진 것과 같이 주술적인 면을 갖추고 있음을 알 수 있다. 신라의 무용은 고려사악지나 삼국 속악조 등을 통해 일반적으로 잘 알려진 궁중무용 및 검무, 잡기 중의 하나인 최치원의 '오기(五技)' 등으로 7세기 후반에 삼국을 통일한 저력을 과시하듯, 가야, 백제, 고구려 등 신라의 고유 가무악(歌舞樂)을 집대성하는 역할을 하였다. 궁중무용은 유악, 곧 공자의 예악사상을 바탕으로 이루어졌다(김매자, 1990:48)는 사실을 볼 때, 종교적으로 앞서 기술한 바와 같이 포괄적으로 집대성한 종합적 종교관을 통한 가무가 성행한 것으로 보아야 할 것이다.

이상, 신라의 무용을 통하여 종교적 재주를 여성으로 하며 왕족, 귀족 출신인 왕이 직접 제사에 참여하고 삼국을 통일한 국가답게 일반 여인들의 노동을 미화시키는 문화성, 원화, 화랑, 승려 등의 상류층 남녀의 무용의 정립, 영육일체의 미학적 신체상 및 가무, 국제적인 가무단의 사절단 교류 등, 남녀구별 등 신분차이가 없이 서민들의 집단가무가 있었다. 또한, 일반인 및 종교인의 결합 등으로 종교적, 국가적 차원에서의 광범위한 종합적 가무의 형성 및 발달, 외래문화의 도입 및 국내문화의 배출 또한 통일적이었다고 해도 과언은 아닐 것이다.

03

고려시대의 무용(918~1392)

고려시대의 무용은 삼국시대 이상의 면모를 갖추며 발달했던 때로 본다. 궁중무용(정재) 및 서민의 토속, 전통무용 및 놀이가 확대되며 나아가 국가적 장려 또한 적극적이었던 것이다. 국가정책 및 국가 방위의 제도와 삼국시대에 화랑제도 및 각종 종교를 통합적으로 받아들이고 생활화하였던 것처럼 고려 역시 그러한 상황에서 무용이 발달된 것이다. 그러한 이유 중 중요한 것은 요(僚)의 80만의 대군에 의한 네 번의 침략(993년 이후)이 있었고, 몽고 즉 원에 의한 1231년 이후 여섯 번의 전쟁이 있었다. 그 당시에 있어서 세계 최강의 군대를 맞이하여 한민족은 40여년에 걸친 항전을 계속했던 것이다. 뿐만 아니라 그 전란의 어려움 속에서 부처님에 대한 심신을 높여, 그 불력으로서 적을 물리치기 위하여 8만대장경을 제작하는 문화적인 위업을 성취하였던 것이다(김백곤, 1987:23). 즉 잦은 전쟁, 침략 등을 잘 극복하며 평정을 찾고 민심을 수습하여서 국가안정을 기할 수 있었던 것은 신앙심 때문이었던 것이다. 그 신앙심으로 말미암아 어려운 가운데에서도 예술문화가 사회 깊숙이 뿌리 내리고, 더불어 무용도 삼국시대 못지않게 발달하게 된 것이다.

고려 후기에 이르러서는 충렬왕, 충선왕 때 유교철학과 성리학을 받아들이면서 예악(藝樂)사상을 중시하게 되었다. 이 시대의 음악은 전통적 향악의 외래음악인 아악, 당악의 삼부악으로 크게 나뉘어 발전되었는데 특히 거국적인 행사인 팔관회와 연등회에서 많이 연주되었다. 연등회는 매년 초에 하는 일로 궁궐과 전국 곳곳에 수 많은 등불을 밝히고 밤새도록 행렬을 지어 돌아다니며 소원을 비는 불교의식의 일종(ko.wikipedia.org)

이고 팔관회는 천령(天靈), 오악(五岳), 명산(明山), 대천(大川), 용신(龍神)에게 제사 지내는 무속의식인데 고려 중기 이후에는 제사의식보다 가무백희에 치중하여 원래 목적을 상실한 듯하다(김매자, 1990:18). 팔관회와 연등회의 공통점은 나라에서 주관한다는 것과 많은 사람이 함께 참여하여 소원을 빌고 나라의 안정을 기원하며 불교국 행사를 국가가 장려하였다(study.zum.com)는 것인데 이를 통하여 고려는 불교가 발달하였으며 큰 힘이 되었음을 알 수 있다.

고려시대에서 특기할 것은 무속의 등장이며 유교철학 및 성리학을 중심으로 한 예악(禮樂)의 등장이다. 물론 불교가 중심적인 위치에서 국가적인 차원에서 사회전반에 영향력을 끼쳤으나, 그것 못지않게 지배적 성향을 나타낸 것이 무속 및 예악의 출현일 것이다. 또 경건한 제사의식에서 가무백희로 전이 된 팔관회 및 연등회 등이 직접 왕과 백성들, 대신들이 한데 어울려서 음주하고 밤새도록 가무하는 등, 신분의 위치에 관계없이, 남녀 구별없이 함께 참여할 수 있었다는 것을 볼 때, 어떠한 형식적인 것이라기보다는 온 민족이 하나 되고자 하는 열망의 표현이라고 보아야 할 것이다. 그러나 이러한 열기도 서서히 고려말, 조선초를 거치면서 유교적 영향이 짙어짐에 따라 당초의 남녀 혼합무용(사교무용)이 어느 시기에 이르러서 남성집단무용(農樂)과 여성집단무용(술래춤)으로 분화된 것(정병호, 1985:26)으로 보인다.

한편, 중국은 고대부터 예(禮)를 중시하였고, 그 예(禮)는 악(樂)이 반드시 수행된 것을 알 수 있다. 예가 인생교육에서 차지하고 있는 분량이 결코 악이 차지하고 있는 분량과는 서로 비교될 수 없다. 동시에 고대에는 음악을 교육의 중심으로 삼고 있고 음악은 본래 일종의 사람을 감동시키는 힘을 갖고 있으며 예의 가장 기본적인 뜻은 인류행위의 예술화, 규범화의 통일물(서복관, 1991:31)이라는 기록과 춘추시대의 인문교양에서 예가 악의 전통적 지위를 대신 차지하게 된 것에는 까닭이 없는 것은 아니었다. 당시의 제후가 내조(來朝)하여 천자를 알현하거나 회동할 때의 각종 예의에서는 예와 악이 함께 이루어졌을 뿐만 아니라 시가(詩歌)로써 뜻을 이야기한다는 풍기는 실제로는 음악활동이었다(서복관, 1991:32). 예악은 모두 중요하나 악을 예의 위에 둔 것은 악이 개인의 인격 완성의 경지임을 인정한 것으로, 이것이 바로 공자의 입교의 종진이다. 그러므로 공자는 시로써 일어나서 예로써 서며 음악으로 완성하였다. 흥어시[9](興於詩), 입오례[10](立於禮), 성어락[11](成於樂) 〈論語〉(서복관, 1991:32)이라고 한 것을 볼 때, 중국인들의 예의 중시사상과 더불어 더 사랑하고 중시하였던 이러한 영향으로 다시 남녀구별 및 신분의 차이 등이 생기면서 폐쇄적인 경향도 사회구조의 하나로 형성된 것이다. 그리하여 서민들 사이에 굿이 성행하게 되고, 농악이 일종의 가무백희 형식으로 그 본질을 잃게 되니, 긍정적인 방향에서 타종교에 의한 무용의 발달도 있었겠으나 오히려 그간 무용의 본질이 숭고하게, 건전하게 사회제도의 일환으로 구축되어 왔던 것이 사회의 놀이물로 전락했던 것을 알 수 있다.

고려시대는 신분세습제 사회로서 양반계급과 중간계급이 속하는 지배층과 양인, 천인의 피지배층으로 구성되어 있었는데, 화척이나 재인 역시 천민과 같은 대우를 받았다(송수남, 1989:60). 또한 불교가 후에 도참사상과 결합되면서 차츰 미신적으로 흐르게 되었음(송수남, 1989:60)을 볼 때, 결국은 유교중심의 중앙집권적 귀족정치 사회를 이루게 된 것이다. 이러한 중앙집권적 귀족정치 사회제도로 인하여 앞서 밝힌 바와 같이 정재가 많이 발달하였으며 특히 예종 11년 6월에 중국 송나라의 휘종이 보내준 대성아악(大晟雅樂)에 맞추어 추는 각종 의식의 일무(佾舞)와 문종 27년 을해 교방 여제자 진경(眞卿) 등 13인이 답사행가무를 연등회에 쓸 것을 아뢰어 임금이 허락하였다. 정재에 관한 최초의 기록은 고려 문종(1073년) 때이며 인종, 의종 때에 군왕의 향락으로 교방을 설치하고 양수척(유랑민의 한 무리)들을 선발해 무희로 만들고 국가의 행사나 외빈의 접대에 의례적으로 공연하면서부터 궁중무용이 시작되었다(김매자, 1990:18). 그 중 교방의 여제자인 초영이 55인으로 구성된 무희들과 함께 춤을 만들었는데 '군왕만세', '천하태평'이라는 네 글자를 만들어 궁중에서 상연한 것이 최초의 정재의 기록이다(김매자 1990:18). 기록에 따르면, 11월 신해에 팔관회를 베풀고 임금이 신봉루에 나아가 관악하였는데 교방 여제자 초영이 새로 전해 온 포구락과 구장기별기를 아뢰었는데, 포구락 여제자는 13인이

9) 시(노래)로서 일어난다
10) 예로서 올바른 사람이 된다
11) 악을 앎으로 완성할 수 있다

고, 구장기별기 여제자는 10인(송수남, 1989:65)이었다. 따라서, 궁정 내에서 임금 및 귀족들, 외국인들을 위한 연회용 무용이 활성화 되었고, 특별히 선발된 무용가들이 있었음이 특기할 만하다고 보겠다.

반면, 서민들은 농악을 비롯하여 민속놀이인 지신밟기, 답교, 단오제, 은산별신제 등 여인들만의 집단무용인 강강술래, 놋다리 밟기, 남자들만의 집단놀이인 차전놀이 등이 있는데 그 형태는 대체적으로 풍년을 기대하며 귀신을 쫓는 그리고 기원하며 단결을 목적으로 하는 단조롭되 힘이 있는 춤들이었다. 대체적으로 미신적인 성향이 짙은 방향으로 흘렀다고 볼 수 있다. 이러한 무용의 흐름으로 말미암아 고려시대의 무용수는 주로 무동(舞童)이라는 남자아이와 직업적인 무용수인 여기(女妓)로 형성되었으며 무용수들의 신분은 극히 낮았다는 것을 알 수 있다.

상기와 같이 고려는 많은 전쟁을 불교의 신앙심으로 극복하였는데, 불교의 영향으로 추수 절기 및 매년 초에 팔관회나 연등회와 같은 행사에 왕을 비롯한 귀족들이 한 뜻으로 참여하였으며 불교적, 일반적 가무 등을 통하여 민심을 평정하고 단합하였다. 한편, 중국의 공자의 예악사상으로 인해 서서히 신분세습제의 계급 형성으로 그간 행하여 오던 무속적, 다신앙적 불교 신앙심에 의한 팔관회, 연등회 등을 통한 가무가 천시되면서 결국은 미신적, 유교적인 성향으로 변화하게 되었다. 또한, 왕족에 의한 무동, 여기와 천민들의 가무로 예술적인 성향이 천시 받게 되었다.

04

조선시대의 무용(1392~1910)

이성계에 의하여 건국된 조선시대의 무용은 숭유억불정책에 따라 불교무용은 차츰 쇠퇴하여지고 유교의 바탕에서 발달된 시기이다. 고려시대의 무용에서 밝힌 바와 같이 중국의 예(禮)와 악(樂), 그리고 시가(詩歌)와의 만남, 그에 따른 무용의 발전 및 보급은 오늘날 우리나라의 무용사에도 지대한 영향을 끼쳤으리만큼 고려시대부터 조선조에 이르기까지 전반적으로 귀족문화를 장악하였던 것이다. 반면 오늘날 되돌아보건데, 무용 및 무용가의 인식이 유교사상으로 말미암아 부정적인 면을 생성하게 되었다고 볼 수 있다. 이러한 정치적 제도 하에 불교는 '필부(匹夫)나 부녀들만의 종교로 전락하고 승려들은 견성성불[12](見性成佛)의 포교방법으로 전환하여 만일회[13](萬日會), 염불결사[14](念佛契社)등을 설하여 염불을 유행시키고 작법을 내세움으로써 오히려 불교의식무용이 성행하였던 자취를 발견하게 된다(정병호, 1985:42). 또 유교를 숭배하였기 때문에 불교의식인 팔관회나 연등회 등의 의식은 행하지 않았으나 나례나 산대잡극은 고려의 것을 그대로 계승하였다(송수남, 1989:87)는 것으로 보아 그 맥을 면면히 유지하였음을 알 수 있다. 나례나 산대잡극을 통하여 불교적, 미신적인 민속무용이 발전하였는가 하면 효명세자(익종)와 같은 명기무가(名技舞歌)가 있어서 약 55~65종 정도의 정재 가운데에 다반수 이상의 것을 개작, 창작, 정리할 정도로 직접 군왕이 악(樂)과 무용에 큰 관심을 가졌다는 것

12) 불교에서 인간이 본성을 깨치면 누구나 부처가 된다는 말

13) 불교에서 아미타불을 믿고 극락정토의 왕생을 위해 조직된 신행(信行)의 모임

14) 염불수행을 목적으로 조직하였던 신앙결사

은 역사적으로 중요한 사실이 될 것이다. 또한 관기제도[15]가 있었는데 선상기(選上妓)를 중앙에서 교육시킨 뒤 궁중에서 쓰다가 나이가 많아지면 제 고장으로 돌려보내고 그 지방 감영(監營)이나 영문(營門)에 메이게 된다(장사훈, 1984:45)는 것을 볼 때 당시의 기방생활은 귀족들의 전유물이었으며 비참하고 한이 서린 부자유한 삶을 살았던 것이다.

지배층인 관교계급으로부터 천민에 이르기까지 온 계층에 유교, 도교를 보급하기 위하여 많은 윤리 서적이 간행되었다. 이러한 결과로 도덕성 곧 충, 예 등이 강조되었다(김매자, 1990:20)는 것은 여성에 대하여 극히 폐쇄적이며 비인격적인 구조와 윤리로 대우를 받았던 것을 알 수 있다.

'향악(서민들의 교화를 위한 법)에서 길에서 남녀가 만나면 인사나 농담을 하지 말고 내외를 하라고 가르치고 있는데..(김용덕, 1992:99)'라는 기록과 '남녀유별(또는 유례)은 조선시대에 있어서 상하유분(上下有分 : 班常[16] : 奴主[17])와 함께 삼대강령을 이루는 기본적인 질서였다(김용덕, 1992:99)는 기록을 통하여 여자가 유식하거나 재능이 있으면 박복하다고 가르치지 않는 것이 원칙이었다 -중략(中略)- 성호 이익 같은 석학도 여자는 부지런히 일하고 검소하게 살고 남녀칠세 부동석만 지키면 되는 것이지 독서는 남자의 일이라고 하였다(김용덕, 1992:105)는 것으로 보아 여자에 대한 대우는 조선시대에 들어와서 급격히 나빠진 것이다.

율법적으로, 윤리적으로 구속이 심해지므로 자연히 여자들은 절이나 무당집을 찾게 된 것인데 절과 무당집은 도출예방(跳出禮防)하려는 즉, 자유를 찾는 부녀들의 피난처 구실을 하였고 따라서 부녀들이 절에 가는 것을 금하는 법이 일찍부터 마련되어 세종 때는 절에 간 부녀와 유숙시킨 스님까지 처벌하였다(김용덕, 1992:107). 따라서 종교적 변화에 따라 발생될 수 있는 사회적 갈등이 축적됨으로 말미암아 고려시대에서 발생연유를 두고 있는 미신에 대한 기호도가 높아진 것을 알 수 있으며, 한때 국교로까지 인정받던 불교가 사회적 정치적으로 열세에 몰린 것은 무용의 발달사에 큰 영향을 주는 전환점

15) 여기를 관청에 예속시키는 제도로 3년에 한번 선상하던 여기들을 조선후기에 이르러서는 필요할 때마다 뽑는 것으로 개정되었으며 관기의 가무를 여악이라고 함

16) 양반과 상놈

17) 주인과 종

이라 할 수 있을 것이다. 그 예로 답교의 풍속은 고려시대에 매우 성행하였는데 조선왕조 중엽 이후부터는 부녀의 옥외출입에 대한 단속이 심해짐에 따라 부녀답교는 쇠퇴하였다. 동국세시기[18]에는 그 당시 부녀는 답교를 하는 일이 없다(김현숙, 1991:160)고 기록되었다. 답교놀이는 서울에 전하는 한국의 민속놀이로 동국세시기에 기록된 답교의 내용은 서울에서 정월보름날 밤에 많은 사람들이 종각에 몰려와 보신각의 종소리를 들은 후, 각기 흩어져 주로 가까운 광통교와 수표교로 나가 다리 위를 내왕하는 것을 답교(다리밟기)라고 하며, 이렇게 하는 이유는 일년동안 다리에 병이 나지 않는다고 믿었기 때문이다. 이 행렬은 밤이 새도록 진행되었으며 군중들은 퉁소를 불며 북을 치며 소란하였다. 실상, 답교 풍습은 한당대부터 중국에서도 있었다. 그러나 고려시대에 성행했던 답교는 남녀노소가 함께 구분없이 이루어졌기에 풍기문란으로 인해 법령으로 금지시키는 사례가 발생하였다. 상류층은 보름날을 피해 14일 밤에 답교를 하였으며, 부녀자들은 14, 15일을 피한 16일에 답교를 하였다(ko.wikipedia.org).

일방적으로 부계사회 중심으로 확대되는 한국사회에 대한 하나의 거부작용이고 그것을 조화시키는 힘이 무속신앙이었다고 하겠다. 또 제사의 사제권이 거의 남자에게 독점되어 있을 뿐만 아니라, 여성을 부정시하는 구조에서 무속은 여성들에게 사제권을 갖게 하고 신앙심을 고조시켜 갔던 것이다(최길성, 1985:35).

또 아비를 따르고, 남편을 좇고 자식을 따른 삼종지례(三從之禮)[19]뿐 만 아니라 외출은 커녕 뜨락을 마음대로 거닐지 못하고 외간남자 아닌 이종 사촌끼리도 상대가 남자면 웃을 수 없도록 규제된 여인들, 머리장식을 마음대로 하지 못했고, 옷은 희망대로 입지 못했다(전완길, 1980:68)는 기록을 통하여 자유가 없는 여인들의 무용의 퇴보, 구속감에서의 탈출의 도피구로서 미신숭배, 그에 따른 무속춤 발전 및 사회제도의 불균형 및 불안정성 초래, 여인들의 엄한 구속에도 불구하고 궁중 및 특정한 무녀들의 선출 및 기용에 의한 사회적 모순과 여인들의 심리적 갈등으로 무용 및 여성 무용가들의 위치는 타락해 버리기 시작한 것이다. 우리의 가락과 춤은 원래 민속 전체가 즐기던 것이지만 이것을

18) 조선후기 홍석모가 연중행사와 풍속을 정리한 세시풍속집
19) 좇아야 할 세 가지 도리, 삼종지도와 같은 말

천시하던 조선시대부터 서서히 양반들이 보고 즐기는 유희물 쪽으로 발전하게 되었다(석영환, 1991:115)는 사실로 극단적이며 비극적인 사회의 변화를 형성하게 된 것이다.

이러한 역사는 연산군시대 이후 많은 사화와 당쟁을 겪게 되어 온갖 문화가 퇴폐하여 가고 따라서 무용 및 관기의 대우는 더욱 비참하였을 것이다. 또한 외세의 침입으로 손실을 입은 가운데 후대에 와서 회복이 됨을 볼 수 있다. 영조에서 순조에 이르기까지 많은 춤이 창제됨으로써 조선의 궁중무용은 전성기였다고 볼 수 있다. 그것은 개국의 창업을 칭송하고 왕조의 권위를 과시하는 수단이 되었다. 따라서 개인과 사회, 집단과 집단 사이의 유대를 강화하고 기본질서를 유지하고자 하는 당시의 가치관을 춤으로 표현한 것(김매자, 1990:21)이라는 것과 근세조선 말기 고종황제와 대원군은 농악을 좋아하며 경복궁을 수축할 때에 팔도 농악대를 데려다가 놀면서 일꾼을 위로하고 토목공사가 잘 성사되기를 바랐던 것으로 보아, 국가적인 차원의 기복행사 자격이 농악에 있음을 알 수 있다. 지신밟기 뿐 아니라 대보름에 줄다리기를 할 때도 서로 이기라고 풍악을 울리기도 하였는데(최래옥, 1992:145) 이는 조선 말기에 들어와서 혼란 속에 빠졌던 무용이 점차로 그 본질을 되찾게 되는 것을 알 수 있으며, 정재는 정재대로 민속무용은 민속무용대로 그 나름대로의 무용의 목적을 달성하며 발전, 유지된 것이다. 무용 및 기녀들의 춤은 지속적으로 궁중 및 관내를 통하여 양성하면서 민속무용은 특별한 격식이나 법도가 없이, 신분의 차이가 없이 서민들의 정서와 소박한 감정을 표출해내었으며, 원초적 가락이 잘 보전되어서 오늘날에 이르도록 연출되어지고 있는 것이다.

조선조에 들어와 특별히 신분세습제와 남녀유별 사상이 강화되었다. 불교중심의 오랜 국가유지, 보존이 유교사상으로 전환되었으며 여성의 외출, 신분보장이 열악한 상태에서 기방제도를 통한 왕권 및 귀족들의 연희물로 하락한 가무예술의 상황은 열악했던 것이다. 근대조선 말기에 고대제천의식에서 생성된 농악을 기복적 목적으로 사회화하며, 궁정 내에서는 정재 즉 궁중무용과 궁중음악들 그에 따른 문학적 요인들이 발달되었음은 오늘날 조상들의 예술문화의 의미, 철학을 상고해 볼 여지가 있음이 다행이라 할 수 있다.

05

근대의 무용(1911~ 1945)

한국사에서는 일반적으로 흥선대원군의 집권시기인 1863년부터 광복까지인 1945년까지를 근대로 규정하고 있다(https://ko.wikipedia.org). 그러나 무용사에서는 다수가 근대의 무용을 신무용의 시대로 보는 경향이 많다. 조선의 무용이 유교사상에 의해 낙후현상을 일으키고 천시화되다가 말엽에 회복되어 가는 즈음, 1900년대에 들어오면서 무용은 다시한번 전환기를 맞게 되는 것이다. 그러나 역시 사회적 배경은 봉건적이고 유교사상 등이 지배적이어서 무용이나 무용가를 천시하는 의식은 굳게 자리하고 있었다.

1902년에 한성준에 의해 일면무대의 새로운 서구식 극장이 탄생(송수남, 1989:87)하게 되었고 1900년 초까지 왕실에 예속되어 무용을 담당했던 무동정재와 여령정재 가운데 무동정재는 외부사회와의 관계를 끊은 채 대궐 밖에서는 일체 연희되지 못하였는데 반해, 여령정재는 궁내에서 행사를 치른 후에는 자유로이 생활할 수 있었고 가무활동도 허용이 되었다. 그러나 이들의 활동은 극히 제한된 것이어서 일부 특수 계층만을 위해 춤추고 노래 불렀다(정혜란, 1987:128)는 것을 볼 때, 지나친 유교사상에 의한 속박이 다소 완화되며, 서민들에게도 궁중무용이 공개되는가 하면, 놀이형식의 특별한 규격이 없던 우리의 무용예술이 극장화 되면서 그 면모를 달리하기 시작한 것으로 볼 수 있다.

이러한 즈음, 임진왜란 한일합방 등의 혼란한 일본과의 관계를 겪으면서 주로 일본의 영향을 받은 신무용이 탄생하게 되는 것이다. 안제승은 '고유명사 신무용의 정의'에서 서기 1904년 쓰보우치 쇼요(坪內道遙)[20]가 신무용이라는 용어를 처음 사용했음을 인용하였다. 또한 일본인의 '신무용 연구소'는 서기 1926년 석정막의 신무용공연 등을 예증으로서 열거한 다음, 이에 대한 신무용의 정의를 '사조의 바탕을 현재 감각에 두고 현대무용 운동으로서의 이념과 방법으로 창조되어지는 새로운 한국무용의 실체이며, 활동적이고 형식이자 체계(안제승 1984:370)'라고 한 것 처럼 오늘날 일본을 경계하고 벽을 두지만 실제로 무용문화권의 일본의 침식력은 우리 무용사에 지대한 영향을 끼쳤다.

이 시대의 무용가로는 한성준, 조택원, 정인방, 최승희, 장추화, 배구자, 진수방, 박금술, 박영인, 김민자, 박외선, 조용자 등 많이 있으나 그 중 현대에 이르도록 주로 관심의 대상이 되고 있는 한성준, 조택원, 최승희에 대한 무용들을 중점적으로 살펴보고자 한다.

한성준은 국악인으로서 주로 한국 민속적 고유의 작품을 많이 만들고 제자를 양성하여 한영숙, 강선영 등의 무용가를 배출하였으며 조택원, 최승희는 일반적으로 한국의 얼을 바탕으로 외색적 성향이 짙은 창작무용을 만들고 추었다. 또한 최승희의 제자였던 김백봉이 그 류(流)를 유지하고 있다고 보아야 할 것이다. 그러면 먼저 우리가 일반적으로 사용하고 있는 춤의 대명사 '무용(舞踊)'에 대하여 살펴보면 다음과 같다.

일본으로부터 전해져 왔으나 오늘날, 우리의 말처럼 된 무용은 다음과 같은 개념으로 정리되어 왔다. 무(舞)와 용(踊)에 대해서는 인간이 슬슬 걷기(逍遙) 시작한 이래 많은 사람들이 거론했으나, 특히 중요한 것은 다음의 두 가지 설이다. 토리카쿠이 쇼코(酉角井正慶)[21]에 의하면 이 문제는 먼저 야나기타(柳田)가 손을 대고 다음은 오리구치(折口)가 말하였다 한다. 오리구치 노부오(折口信夫)[22]는 1929년 4월 발행인 '고대연구(古代硏究)' 국문학편 제2부 '희곡(戱曲), 무용사곡(舞踊詞曲)의 전망(見渡し)' 가운데서 "무"는 뛰어 오르는 동작이고 "용"은 선회운동이라고 기록되어 있으며 예능에서 분명한 구분을 처음으로 지적하였다. 그리고 야나기타 쿠니오(柳田國男)[23]는 1942년 12월 발행의 『일본의 제사의식(日本の祭)』에서 '용'은 행동이고 '무'는 행동을 부산물로 한 노래 또는 이야기라고 하였다(장사훈, 1989:96). 그러나 우리는 무(舞)와 무(武)가 통하기 때문에 무예라는 개념이 성립될 수 있겠다. 우리 고유의 가락, 춤, 무예는 그 맥이 어떤 형태로든지 남아

20) 쓰보우치 쇼요(坪內道遙, 1859~1935), 일본의 소설가이자 평론가, 번역가, 극작가
21) 토리카쿠이 쇼코(酉角井正慶, 1900~1970), 일본의 국문학자이자 민속학자이며 오리구치 노부오에게 사사함
22) 오리구치 노부오(折口信夫, 1887~1953), 일본의 국문학자이며 민속학자, 언어학자
23) 야나기타 쿠니오(柳田國男, 1875~1962), 일본의 민속학자이자 관료

있다. 특히 우리의 춤(舞)은 자연스럽고 순수하며 힘이 있어, 그 속에 뚜렷한 맥이 살아 있음을 찾아 볼 수 있다. 그것은 열면 닫고 맺으면 풀리는 음양의 조화이며, 움직임 속에 고요함과 정지되어 있는 가운데에도 격동을 담을 수 있는 상대적인 대비의 조화이며 팔을 들면 단전에 힘이 모이고 한발 딛을 때도 온몸에 기를 느낀다는 점이다. 또한 머리는 하늘(天), 가슴은 사람(人), 하체는 땅(地)로 생각하고 작은 육신을 천지인(天地人)에 비겨 우주의 신비를 조화시켜 주는 춤이라는 점(석영환, 1991:116)이다. 이렇게 표현한 상대적 개념의 차이를 서로 갖고 1900년대 이후의 무용을 형성해가는 데에는 다소간의 무용가들의 갈등이 있었을 것이고, 한편 무용예술의 발전을 위해서 피할 수 없는 격동기적 과정이라 할 수 있겠다.

앞서 밝힌 한성준, 조택원, 최승희를 중심으로 근대의 무용을 보면, 주로 민속무용을 창작, 개작하였다. 한성준은 원래 고수(鼓手)였기에 1930년에 조선음악무용연구회를 조직하여 본격적으로 춤사위 및 기본을 정리하였다.

한성준은 서울에 정착하면서부터 원각사 극장에서 관기 및 기생들에게 승무를 비롯한 각종 민속무용을 가르치기 시작하였다. 다동기생조합, 한성기생조합시절에도 기생들에게 여러 가지 무용을 가르쳤다. 그가 관기 및 기생들에게 일방적으로 전수 시킨 것은 아니었고 한성준도 관기나 기생들을 통해 평소 자신이 접해보지 못했던 궁중무용을 간접적으로 배우기도 하였다(정혜란, 1987:119). 1902년을 전후로 하여 관기의 무용 기생들의 춤, 산대탈춤 등이 무용으로서는 처음으로 진출하였다. 이를테면 한일합방(1910년 8월 25일) 이후 관기제도가 폐지됨에 따라 장악원(掌樂院)에 있던 관기들이 지방으로 흩어져 기생조합으로 직결되면서, 옛 기생들에 의해서는 궁중무용과 일반 기생들에 의해서는 고전형인 민속무용, 승무, 살풀이, 입무 등이 그리고 광대들에 의한 탈춤, 농악무, 줄타기, 땅재주 등이 단독으로 곁들여져서 공연되었다(조원경, 1967:120). 이를 통해 궁중무용과 민속무용의 만남, 구속적인 신분과 자유로운 신분과의 만남, 한성준의 높은 배움의 자세, 무용에 대한 관심, 사랑이 오늘날의 한국민속무용을 형성, 정립하는 원동력이 되었다고 볼 수 있을 것이다.

그러나 기생들의 예능활동도 점점 위축되어 넓은 극장무대가 아닌 주로 큰 요리집의 작은 무대로 옮겨졌고 춤의 종류도 점차 축소되어 검무, 승무, 사고무(四鼓舞), 장생보연지무(長生寶宴之舞), 무고(舞鼓) 등에 불과하였다. 뿐만 아니라 내용마저도 제한된 시간 관계로 길고 지루한 대목은 전부 삭제되어 원래 궁중정재 모습을 찾아볼 수 없을 정도로 감축되고 변질되기에 이르렀다(김천홍, 1979:357). 이에 무용예술이 공연되어지는 장소가 무대가 아닌 요리집과 같은 것으로 바뀌어 그 환경에 따라 용도가 바뀌었을 것이고, 한층 무용예술의 본질이 본연의 것이라고 하기에는 난해한 면이 있다고 추측 할 수 밖에 없다.

조택원은 최승희보다 1년 늦게 석정막의 문하에 들어갔고 1932년에 귀국하여 현 중앙대학교의 전신인 중앙보육학교에서 무용을 가르쳤다. 1933년 조택원 무용발표회를 통해서 신무용화한 승무의 인상(후에 가사호접)을 추었다. 1935년 2회 때 포엠, 만종 등을 발표하였으며 만종은 우리의 농촌을 서양적 음악에 맞추어 표현하였고 동 · 서양의 융화를 시도한 것이었다. 그 외 다수가 있으며 그 중 학(鶴)춤은 그가 해외여행 시에 우리 고유의 춤을 탐구, 개척, 창조해야 하는 것이 그의 급선무적 일이라 확신 한 뒤 귀국하여 만든 우리의 춤(박미자, 1985:13)이라 할 수 있다. 결국, 조택원의 활동은 현대무용을 우리 한국무용에 도입시켜 무대화하는데 큰 역할을 했다고 보아야 할 것이다.

최승희는 석정막의 문하에 들어가 1920년 귀국하여 연구소를 개설하고 1930년 제1회 발표회를 가졌는데 이 때 관객의 반응은 그리 좋지 않았다. 1931년부터 최승희는 예술가적인 자세를 확인하고 사상적인 표현, 즉 영향적인 작품세계를 더욱 구체화하기 시작했다고 하였다. 5회에 걸친 그녀의 공연에는 당시 나라 잃은 민족 감정을 표현하는 사상적인 것을 주로 하였는데, 춤의 기능면이 고답적이어서 관중들을 감화시키기에는 어려움이 있었다. 최승희는 월북무용가로서 그간 국내에서 비공개된 무용사적 자료가 작아늘 무용계에서는 베일에 싸인 의혹적 무용가이며, 연구의 대상이 되는 무용가이다. 그녀는 춤의 생명은 공허한 아름다움에 있는 것이 아니라 진실의 표현여부에 달려 있다고 생각하였다. 그것은 곧 자신의 춤이 얼마나 민족적일 수 있는가 하는 것에서부터 출발하는 것(강이향, 김채현, 1989:51)이라는 민족적 사상도 유별하였다고 볼 수 있다. 또한 무용과는 불가분의 관계인 음악적 감각을 잃지 않기 위해 세탁이나 청소시간에는 발성법을 연습하고, 남들이 잠자는 시간에는 틈을 내어 책을 읽거나 영어공부 역시 게을리 하지 않았다(강이향, 김채현, 1989:54)는 것이다.

이렇듯 자신의 세계에 대한 노력도 게을리 하지 않는 최승희에 대해 무용학자인 정병호[24]는 참으로 아름다워서 공연을 본 후에 긴 생각에 잠길 정도로 그 무용하는 모습을 잊을 수 없었다고 한다. 참으로 많은 이야깃거리를 제공하여 주는 월북무용가 최승희의 연구는 지금까지 지속되어져 무용예술계의 관심의 대상이 되고 있다.

최승희, 조택원 등의 공연으로 무용을 천시하던 우리 사회의 근본적인 인식의 개혁을 가져오게 하였던 것은 사실이나 그들의 무용성격은 무용 유희적 음악적 율동무용의 단계를 벗어나지 못한 소위 석정막식 신흥무용의 기법에 우리 고전무용의 일부분만을 가미한 자기류의 정서적 무용이었다는 정혜란(1987:111)의 견해를 보면, 당시에 무용예술의 의식면을 나름대로 진지한 태도로 개척하려 했던 의지가 있는 반면 뒤늦게 시작한 무용, 그리고 외국무용과의 접목과정에서의 완숙치 못한 기능과 생소한 창작 세계의 표현이 개척 단계였다고 보아야 할 것이다.

이상 근세무용을 보면 조선조에 이르기까지의 격리, 분리되어 오던 무용이 신분세습제나 특정한 종교관에 의한 것이 아닌 대중과 함께 하는 예술적 무용으로서의 창작의 세계를 여는 문화형성의 시기였다고 할 수 있다.

24) 정병호(1927~2011) 민속학자이자 전 중앙대 무용과 교수

06

무용가의 일반적 역할 및 위치

오늘날 무용가는 예술가라고 한다. 예술가는 기능의 단계를 거쳐 도(道)의 단계로 들어간 자들을 말한다. 무용가는 무용 전반의 내 · 외면적인 것을 알고 체험하고, 분별하며 정립하는 경지에 이른 자라고 볼 수 있겠다. 통상 무용은 인간의 사상, 감정, 감각의 일체를 세상에 존재하는 유형 · 무형에 관한 관념적, 감정적 표현 욕구를 미학적, 합리적 원리에 의하여 몸짓으로 형성화해 나가는 것으로 정의한다. 이러한 무용가는 왜 존재하며 왜 필요할까? 우리 인간에게는 저마다 능력이 있고 동일 할 수도, 상이할 수도 있으며 그 분량 또한 클 수도 적을 수도 있는 것이다. 각양각색의 모습으로 존재하는 인간과 같이 제각기 형성해 나가는 무용가의 참 역할은 무엇일까?

앞서 연구를 통하여 고대 부족국가시대에는 단군, 천군, 군장, 부족장 등이 직접 제천의식을 하고 제정일치의 역할을 수행한 것을 알았다. 이들이 직접 하늘에 계신 신에게 빌며 기원하는 과정을 통하여 어떠한 무용의 형태가 형성되었을 것이며, 따라서 부락민들도 의식에 참여하므로 군집의 움직임을 형성해 간 것이다. 주로 농경생활을 하여온 우리 조상들은 생활을 유지하고, 풍작하기 위하여 보호하고 보호받기 위하여 삶과 항상 유기적 관계를 맺는 무용을 형성한 것이다. 신분의 귀천 없이 남녀노소 구별 없이 마당이, 의식의 터가, 춤의 터가 되어 생활무용을 전개한 것이다.

상고시대에 펼쳐지던 행사는 온 마을 사람들이 한데 모여 노래와 춤과 술로 즐기며 밤낮을 예측하는 집단적인 의식으로 마치 굿을 방불케 한다(김매자, 1990:8). 또한 상고시대와 부족국가시대에는 생활과 삶에 대한 하나의 방편이었으며 귀족이나 평민 구분이 없이 신에게 기구하는 춤을 추었다(김매자, 1990:30). 이를 통해 온 부락민이 무용가며, 제사장이 무용가인 것을 알 수 있으며 생활의 영위를 위하여 간구하고, 스스로가 삶의 지배자가 되며, 돕는 자가 되어(두레제도에서 나타난 바와 같이 노인과 여자들을 제외하면 과중한 일의 무리에서 보호하였던 것 처럼) 인격적이고 평등하며 평화로운 삶을 구축한 것이다.

삼국시대에 들어와서는 고구려의 불교 도입과 중국 남 · 북조의 영향으로 부족장이 귀족으로 변화를 하게 된다. 절대왕권의 위치가 성립되면서 귀족과 천민이 구별이 되며 무용은 일종의 귀족들의 전유물 또는 행사의 목적으로 양성 된 것을 알 수 있다. 특권계급의 일련의 행사를 위해 남자 · 여자 무용가들을 별도로 훈련한 것으로 나타나 있는데, 이에 반해 서민층은 역시 가무백희(歌舞百戱)하여 그들 스스로 단결하고, 노동의 수고를 위로하였던 것으로 본다.

반면, 10월에 고구려의 제천의식으로 거행된 동맹은 천신(天神)에 대한 감사와 기원의 추수감사제로서 또한 전 국민의 추앙해 받드는 조상신인 축신(逐神)을 함께 모시는 거룩한 행사인 듯 생각된다. 이밖에도 고구려에서는 성신(星神)과 사직신(社稷神)에게 각각 제사를 지냈다. 동맹을 비롯한 이와 같은 제신(諸神)에 대한 국가의 장대한 제사에는 근엄한 음악과 신비로운 무용이 그 중추가 되었을 것은 의심할 여지가 없다(송수남, 1989:34). 즉, 고대부족국가에서 행하였던 신에 대한 의식은 지속적으로 그 면모를 지켜 온 것으로 알 수 있다.

백제는 역시 불교의 도입과 중국 남조의 영향을 받아 고구려와 유사한 형태의 무용을 형성하였는데, 단지 미마지의 기악무의 전차로 인하여 점차 그 무용가의 역할이 국내에서만 이루어진 것이 아니고 일본으로 그 활동 범위를 확장한 것을 알 수 있다. 특히 외래악을 내교방에서 훈련된 여인들에게만 연희토록 한 것은 외국인들을 위하여서만 춤을 추도록 한 것이 아닌가 본다. 특히 일본서기의 기록에는 미마지가 전파한 기악무를 오나라에서 배워온 것으로 612년 일본에 건너가 앵정(櫻井, 사쿠라이)에 살면서 진야수제자(眞野首弟子, 마노비토데시)와 신한제문(新漢濟文, 이마키노아야히토사이몬)에게 전수하였다고 하였다. 기악이란 어휘는 불교경전에 많이 인용되는 말로서 부처님을 공양하기 위한 가무를 뜻하며 이 기악무는 그 당시 여러 절에서 거행되었고 일본 상류층의 자제들이 많이 배웠다고 하며 불교의 포교를 목적으로 권선징악의 내용으로 보고 있다(송수남, 1989:40)는 기록을 통해서 백제에 와서 무용가의 역할이 가르치고 포교하는 그리고 사회적으로 존경 받을 수 있는 위치로 그 품위가 승격된 것을 알 수 있다. 반면 서민들은 은산별신굿, 도당굿과 같은 의식을 통하여 지속적으로 춤과 노래를 하면서 놀이로서의 기능적 역할을 계승하여 온 것이다.

고려시대는 불교정책을 호족세력의 약화를 중점적으로 중앙집권 체제의 관료적 사회구조를 갖추고 있었다. 이에 따라 자연히 무용 및 무용가에 대한 처우도 특권계급을 중심으로 이루어졌다. 또한 불교는 서서히 도참사상과 결합되어 굿과 같은 형태로 형성되어 간 것을 알 수 있다.

고려시대는 신분세습제 사회였기에 양반계급, 중간계급이 속하는 지배층과 양인, 천인의 피지배층으로 구성되었다. 그 중 재인(才人)은 천민에 속하였다는 것으로 보아 반드시 무용을 하는 사람이라고 지적하기보다는 예능인들을 천시하였던 것으로 간주 할 수 있다.

고려 태조왕건은 고려를 건국한 뒤 교방을 설치하고 여기에다 각 관아의 비녀(婢女) 중에서 재색(才色)이 겸비된 여자를 선발해 두었다. 그의 독창적인 아이디어는 아니고 중국의 제도를 모방한 것이지만 교방을 마련하여 기생을 훈련시켰다. 교방은 '국립기생양성소'격으로 기생이 갖추어야 할 여러 가지 즉, 걷는 법, 노래하는 법, 술 따르는 법, 춤추는 법, 방사술(房事術) 등 남자접대 기술 외에 화장방법도 가르쳤다. 기생은 남편을 두지 않았으며 남자를 선택할 권리나 사랑할 권리가 없는 다만 선택 당하고 애정을 강요당하는 애완물(愛玩物)에 지나지 않았다. 고향을 떠난 수명(守命)의 밤을 위하여 먼 곳에서 오신 손님을 위하여 무료 봉사하는 위안물이었다(전완길, 1980:58). 이렇듯 중국의 제도가 들어와서 우리 본래의 순수한 가무 및 여성의 인격이 인본주의적, 관료적 제도로 인해 인권을 유린당하고 어느 특정인물의 쾌(快) 및 희락(喜樂)을 위하여 여자 재인(才人)이 이와 같은 대우를 받았다는 것은 무용가의 역할 및 위치를 정립하는데 큰 장애요소가 되었으며 무용사의 발달에도 저해요인이 되는 것이라 볼 수 있겠다. 궁 안에서 혹은 관료체제 안에서는 이렇듯 음성적 면이 이었다. 태조 원년 11월에 팔관회를 베풀었는데 유사(有司)에서 아뢰기를 "전대의 임금이 해마다 중동(仲冬)에 팔관제를 크게 베풀어서 복을 빌었더니 그 제도를 따르기를 원합니다"하니 왕이 이르기를 "짐이 덕이 없는 사람으로서 왕업을 지키게 되었으니 어찌 불교에 의지하여 국가를 편안하게 하지 않으리요"하였으며 -중략- 갖가지 유희와 노래와 그 춤을 그 앞에서 벌렸다(송수남, 1989:61)는 기록이 있다. 이에 이혜구(1909~2010, 국악인)는 한국음악서설에서 "국선이 가무백희로 용천(龍天)을 환열(歡悅)시켜 복을 비는 것이 팔관회의 본질"이라고 하여 천대받던 무격(巫覡)이 아닌 국선(國仙)이 거행했던 것으로 보면 국가와 백성을 위하여 행하던 팔관회는 건전한 사명 아래 재인(才人)이 그 역할을 감당하도록 한 것을 알 수 있다. 음력 정월 15일에 연등회를 열고, 악귀를 쫓는 구나부(驅儺部), 재인(才人)들이 추는 나희부(儺戲部)등이 있어서 고려시대의 무용가들은 특권층과 서민층의 양신분으로서 음성적 · 양성적 역할을 하였으며 그 위치 또한 자신의 의지와는 무관한 수동적 입장에서 혼란한 과정에 처해 있음을 알 수 있다.

조선시대에 이르러 고려시대의 반유교적 사상의 배경을 강화시키듯, 숭유억불 정책이 전개되어 불교는 차츰 쇠퇴하여 가고 중국의 예(禮) · 악(樂)사상이 지배하기 시작하였다. 이에 따라 불교의식무인 집단가무 형태로서의 팔관회, 연등회는 폐지되고 나희무(儺戲舞)가 확대되어 무용이 주가 되어 행해지는 나희나 나례에 의해 조선시대의 민속무용이 전개되었다. 아마 무용예술로서 분화된 무용의 모습이라고 보아야 할 것이다. 더불어 궁중 내에서는 그간 역사 속에서 응축 되어온 중국의 영향을 받는 궁중무용이 집대성되어 말기에 이르러서는 55종의 궁중정재가 행하여졌다. 이러한 결과가 오기까지 큰 역할을 한 사람은 효명세자[25](익종)이다. 국왕이 스스로 무용을 개작, 창작, 정리하는 일이 얼마나 무용예술의 발달에 큰 도움을 주었을까! 그러나 무용예술의 본질에 대하여는 숙고할 여지가 있을 것이다. 왜냐하면 자유스럽고 인격적인 춤이 아닌, 특권계급에 의하여 형성되어 온 춤은 인격을 도외시하고 있기 때문이다. 대부분 그 내용이 국왕을 위한 태

25) 조선 제23대 순조와 순원왕후의 맏아들로 궁중 큰 행사를 직접 관장하며 상당수의 악장과 가사, 궁중 무용인 정재무를 다수 창작

평성세를 위한 것들이어서 인간의 개인적 의지와는 달리 일종의 목적을 위한 수단으로서 그 역할을 수행하였음을 알 수 있다.

앞서 밝힌 바와 같이 지나치리만큼 여인들을 속박하고 자유를 제하여버린 시대는 없었다. 그 굴레에서 벗어나고자 불공과 굿으로 마음을 달랬던, 인간사를 해결하려 했던 것이 오늘날 볼 때, 사회가 불안정하여지고 신뢰가 없는 지식인들의 횡포가 심해지며 율법이 성행하는 사회였다고 볼 수 있겠다. 이러한 사회적 불균형 속에서 민속무용은 지속되고 성행하였으며, 유교사상으로 인해 혼성집단가무가 분리되어 여성, 남성무용이 분리되었으며, 예인집단은 제정일치의 공동사회가 무너지고 봉건적 집단체제로 변천고려시대부터 서민층의 생활에서 자연발생적으로 새로운 민중예술집단이 고개를 들기 시작하였고, 이것이 조선조에 들어와서는 사당패[26](社堂牌), 걸립패[27](乞粒牌), 광대(廣大) 등의 패거리로 분화된 것으로 생각된다(정병호, 1985:26)는 것처럼, 궁중무용, 민속무용, 광대춤 등으로 분화되어 각기 그 역할 및 위치가 다양하였던 것이다. 그러나 당시 무용은 특권계급의 전유물로 국가를 위하여, 귀족을 위하여, 춤을 사랑하는 예인들만을 위한 춤의 형성 보존을 위하여, 천민들의 애환을 달래며 서로가 힘이 되려 했던 광대춤 등이 형성되어 순수한 무용가의 사제적 모습은 사라지고 그 본질을 상실하여 가고 있었다.

근대의 일본에 의하여 한국 역사의 조선조를 종식하는 고종황제의 비극적 정치배경의 여운과 함께 대원군의 지나친 봉건적 정치에 의한 민란과 쇄국정치 구미의 봉쇄 등과 일본과의 국제적 관계 등으로 과도기적 사회적 배경으로 시작되었다. 갑오경장으로 인해 봉건제도가 붕괴되고 신교육이 들어오면서 "춤"이라는 호칭이 "舞"라는 단어로 전이되면서 우리나라 무용의 역사는 또 한번의 변화를 가져오게 된 것이다. 근대의 무용의 흐름은 과거 유교적 남존여비사상으로 말미암아, 구속받은 여성교육이 근대 학교교육의 도입으로 말미암아 회복되면서 다시금 활기를 갖게 되었다.

1926년에 있었던 일본인 석정막의 공연을 시발점으로 우리나라에 신무용이 뿌리를 내리기 시작하였고, 1920년에서 1925년 사이에 러시아 블라디보스톡(과거 해삼위海蔘威라

26) 주된 구성원이 여성이며 여사당으로 통하는 조선후기 유랑예인집단

27) 풍물놀이, 줄타기, 비나리(덕담)을 주로 공연하며 반드시 자신들과 관계를 맺고 있는 사찰의 문서를 제시

부름)에서 박세민, 김동환, 현철 등에 의해 사교무도 및 러시아 민락무(Hopark Dance)등이 소개되기도 하며 원각사라는 극장무대가 만들어지고 1920년경 청년회 주체의 천도교회 내 신축 기념관에서의 음악대회에서 발레가 소개되는 등, 우리나라 무용역사상 획기적 변모를 가져오게 된 것이다. 또한 학교교육에서 무용교과가 채택되어 유희, 율동, 댄스라는 내용으로 교육되기도 하고 기생이 아닌 직업무용가 배구자의 활동, 석정막 문하의 조택원, 최승희 역시 기생이 아닌 학구적 면모를 갖춘 무용가로서의 활약, 국악인 한성준의 왕성한 한국민속무용의 정립 및 공연활동은 그간 한국무용사에서 볼 수 없었던 예술적 형태를 갖춘 것들이었다. 음성적으로는 옛 관기나 기생들, 예인들에 의하여 과거 무용의 형태를 보존 · 유지 하는가 하면, 중앙무대에서는 무용예술, 무대예술, 공연예술이라는 명목 하에 연구소 개설 등을 통하여 정식 무용가, 예술가로서의 면모를 갖추었다. 주로 그들은 나라를 민족을 위해 시사성이 있는 작업들을 하기도 하고, 한성준의 경우와 같이 주로 한국민속무용의 정립에 그 열기를 쏟았던 것을 알 수 있다. 일본의 저명한 작가들과 평론가 등은 최승희에 대해 아름다운 신체적 조건을 구비한 천재적 표현력을 가진 사람이라고 평가하는 동시에 30년대에 있어서 동양 최고의 스타라고 하였다. 또 원시적 동양무용을 무대로 옮겨 예술적 감상무용으로 승화시킨 민족성과 주체성을 살린 무희라고 평가하고 있다. 또 조선독립음모사건의 용의자로서 많은 문학청년들과 검거되는 과정에서 현실을 깊이 있게 보게 되어 그 생활을 반영한 투쟁적인 무용을 하였다(최승희 저, 정병호 해제, 1991:255-256)고 평가하였다. 또한, 조택원 도미 고별 무용공연기사 중에서는 그의 공연이 신진 여류무용가 임경희(林景喜)양과 콤비가 되어 민속적인 동양무용에 세련된 서양무용의 기교를 도입시키려는 노력 가운데 상당히 완성된 경지에 이른 것으로 조택원의 도미를 앞에 두고 장차 조선의 무용이 세계적으로 진출한 특질 가운데 희망과 난관을 아울러 계시하게 될 것(조동화, 1992:135)이라고 하였다.

이렇듯 의욕적인 무용가들의 자세에도 불구하고 신무용가인 장추화의 문화일보기재 내용을 보면 우리들의 지도자 중에는 무대를 모르는 이가 많고, 봉건주의 사상에 젖은 무대란 특권계급의 유흥장이며, 그들의 노름터, 다시 말하면 기생이나 광대들의 노름터로 알고 있는 분이 많다는 것이다. -중략- 무용은 배움으로써 불량소녀의 낙인을 받고 무용을 공부하였다는 것이 마치 큰 죄라도 지은 듯이 쉬쉬 감추어 시집을 못가느니, 집안 꼴이 못되느니 하던 봉건시대의 지도자가 아직 이 땅에 있다면…(조동화, 1992:134)이라고 되어있다. 또한, 대중일보 1947년 8게재 내용 중 '현란(絢爛)할 진수방(陳壽方) 신작무용(新作舞踊)' 홍보기사 중 진수방(陳壽方)양의 요염한 자태가 옷자락 가득히 조선의 정서를 담고 조선의 고전무용을 하는 아담한 모습도 다시없는 도취경이려니와…(조동화, 1992:139)라는 내용을 통해서도, 감상적 입장에서 본 사회의식구조는 아직 봉건적 의식구조에서 벗어나지 못한 것을 알 수 있는 것이다.

근대의 무용의 역할은 무용예술의 정립을 통해 민중의 정서를 고양시키며, 감상용 형태로서의 지도자적 개척자적 기능을 담당하였다고 볼 수 있으나, 그의 위치는 정치적, 사회적, 경제적으로 안정되지 못하고 정서적으로 민심이 불안한 상태로서 진정한 예술적 가치를 전달하지 못했다고 할 수 있다.

07

여성무용가의 역할 및 위치

고대부족국가시대에는 단군, 천군, 군장, 부족장 등이 친히 제사장이 되어 경천사상을 중심으로 제정치일치의 치국을 한 것을 알 수 있었는데 백성들과 친히 동등한 격이 없는 입장에서 생활 전반에 걸쳐 함께 참여한 것이다. 고래(古來)로부터 전통적인 것이지마는 부녀자와 군무와 여러 종류의 무용도 이미 이 때에 와서는 유희적인 행사로 그 형성을 갖추었던 듯하다(나현성, 1985:25)고 한 것을 볼 때 고대의 여성 무용에 대하여 언급한 것처럼 여성이 남녀 구별 없이, 차등 없이 모두 생활무용을 한 것이다. 그러나 두레제도에서 알 수 있듯이 노약자나 여성을 차별하여서가 아니라 그 능력 및 인격을 존중하는 사회구조를 갖추었는데, 이에 따라 주로 가무가 수반 되었던 일체의 제의식에는 남성이 지배적인 역할을 하였던 것이다. 이에 따라 여성무용의 위치는 확고하지 못했으며 무용의 발달에는 신분의 차이가 없는 가장 이상적이고, 인격적인 신분에 있었다는 것이 중요한 부분을 차지하는 것임을 알 수 있다.

삼국시대에는 부족장 등이 귀족으로 대두하고 그에 따라 절대왕권체제로 사회를 지배함에 천민계급이 뚜렷하게 생성되었다. 한편, 불교의 도입으로 불교문화가 형성되고, 중국 남 · 북조의 문화원수입으로 말미암아 외래풍조가 조화를 이루었는데 이로써 승려들의 춤, 기악무에서의 소년들의 춤, 화랑들의 춤, 귀족들의 춤, 서민의 춤 등이 발달하게 되었다. 한편, 신라시대에 오면서 불교, 도교, 유고 등의 종교가 혼연일체를 이루면서 고대 부족국가시대에서부터 삼국시대에 이르기까지 면면히 서민층 속에서 행하여 오던 의식들이 굿의 형태로 틀을 잡았던 것이다. 또 불교의식은 종교적 체험과 신앙심을 불러일으키기 위하여 중요시 여겨졌으며, 이 속에서 의식무용은 불교에 의한 대중교화에 결정적으로 기여(김현숙, 1991:49)하였던 것으로 보인다.

이와 같이 불교적 행사가 종교적 체험 및 신앙심을 불러일으키기 위하여 다소 무속적인 것으로 바뀌며 점차 여자들에 의하여 의식도 행하여진 것을 알 수 있다. 대체적으로 삼국시대의 여성무용가는 주로 특권계급을 위하여 추는 춤을 추었으며, 실제적으로 그것이 무용의 발달에 바람직한 영향력을 주진 못하였다. 오히려 귀족 스스로가 무용가가 되고 승려와 화랑이 직접 무용가가 되었던 것은 앞서 고대부족국가시대에서의 제사장과 같이 남성위주의 무용이 주로 이루어졌음을 알 수 있다. 단지 중국의 영향으로 유교 · 도교적 사상이 통일신라 말기에 흡수되어 무용의 발달에는 악영향을 주었던 특권층을 위한, 그들의 기호성을 만족시키기 위한 수단에 불과한 그러한 맹종적 위치에 있었고, 잡기에는 남녀가 공히 구별 없이 연희되었다는 것이 특기할 만하다.

고려시대에는 불교사상을 중심으로 시작해서 서서히 말기에 이르러 유교적 사상을 받아들여서 결국은 미신적인 신앙을 받는 구조로 변모하였다. 특기할 사항으로서 문종에 이르러서는 점차 중앙집권체제가 확립되고 무용과 음악이 크게 일어났다는 것(송수남, 1989:60)을 볼 때, 신분세습제로 말미암아 화척(禾尺), 재인(才人)이 천민과 같은 대우를 받았다는 것이다. 또 불교가 유교와 결합되면서 도참사상으로 미신적으로 흘러서 굿을 하였을 것으로 보는데, 굿을 통하여 여성무용가가 많이 배출되었을 것이다. 더불어 불교 의식행사인 팔관회, 무속적 배경을 지닌 연등회를 통하여 여성무용가의 역할은 천민의 대우를 받았을지언정 인도자적, 지도자적인 임무를 수행하였다고 볼 수 있다. 특히 팔관회는 무격이 아닌 국선이라는 국가에서 친히 뽑은 자가 행하였던 것을 볼 때, 미신적인 경우에도 신분이 높은 자, 가난한 자로 분리하여 그 행사를 더욱 효과 있게 치렀다는 것을 볼 때, 고려시대는 신분은 보장되지 않았으나 나름대로 선별하여 합당한 무용가를 배치한 것을 알 수 있다. 실제로 고려의 무용은 무당이라는 여성무용가의 등장이 획기적이며, 팔관회를 통해 군왕이 직접 참관하고 주관하는 것, 또한 무용이 단순한 오락물이 아니라 국가적 행사로서, 정치의 일환으로서 진행되어 왔다는 점 등이 무용의 발전과 그 역할에 중요한 일이 될 것이다.

한편, 정재를 통하여 향 · 당악이 분리되어 우리의 것과 중국의 것의 차이점을 드러내고 이에 따라 중국의 예악사상이 중요시 되면서 내교방에서의 관기제도가 여성무용가의 그 역할과 위치를 설정함에 있어 바람직하지 못한 폐쇄성을 낳게 되었다. 그러나 교방 여제자 진경, 초영 등에 의해 팔관회 및 정재가 가무백희 되도록 권장되고 발달하는데 기여하였고 어느덧 남성 집단무용, 여성 집단무용을 형성케 하여 궁정 내에서는 무동과 관기, 서민층에서는 농악 및 강강술래와 같은 그리고 굿과 같은 형태로 분화, 발달된 것을 보면 무용의 본질면에서 그 내용상의 충실성은 비발전적이었을지 모르지만, 여성무용가에 의해 다변화 현상을 일으킨 것은 주목할 만하다.

조선시대에 이르러 고려시대 말기의 여운이 숭유억불정책으로 말미암아 분명히 무용에 대한 일반적인 인식이 전반적으로 천시화된 때이다. 중국의 예악(禮樂)정신으로 말미암아 특권층의 독점물이자 극히 일반성 · 보편성을 잃어버리게 되었다. 효명세자와 같은 명안무가가 있는가 하면 특권층의 노예이다시피한 관기들의 비참한 생활에 따른 공연이 있었다. 지나칠 만큼의 유교사상으로 말미암아 많은 윤리 · 율법이 강경하게 사회 전반에 확대되는 반면, 여자들의 처우 또한 비인격적으로 변하게 되자, 절에 가서 위로받고 무당집을 찾아드는 여인들의 풍습이 발달한 무용예술의 발전에 저해요인으로 발생하였다. 따라서 무용가의 역할 및 그 위치는 더욱 불분명하여지고 바람직한 양상을 낳지 못하였던 것이다. 다행히 조선 말기에 이르러 극대화된 무용의 낙후성이 다소 진정되고 회복되어 가면서 특권층에 의하여 사랑을, 인격적 대우를 받아 나간 것을 알 수 있는데 조선시대의 무용가의 역할은 특권층의 오락물로서, 여성신분의 위로매체로서 자위적인 기능을 감당하였다.

한편, 우리의 가락과 춤은 원래 민족 전체가 즐기던 것이지만 이것을 천시하던 이조시대부터 서서히 양반들이 보고 즐기는 유희물 쪽으로 발전하게 되었다. 그 당시 일반 대중에게는 가락과 춤 모두가 즐기고 춤추는 대중문화화 되었으나 일제의 민족문화 탄압과 함께 사회 분위기가 우리의 것을 행하는 것 조차 나쁜 것으로 인식되어 우리의 가락이나 춤은 몇몇 예인들에 의해 그 맥락을 잇게 되었고 일반인에게는 아주 어색하고 격에 잘 맞지 않는 문화로 전락되어 버렸다(석영환, 1991:115). 이처럼 당시의 무용의 위치 또한 저급화되었고 일본의 영향으로 발달면에 있어서도 활성화될 수 없는 환경에 놓이게 되어서 침체될 수 밖에 없었음을 알 수 있다. 그러나, 왕조시대 궁정문화 및 예술 등이 민간인들에게 전파되는 계기가 되기도 하였다.

근대에 이르러 우리나라는 신교육, 신문화의 일본으로부터의 도입으로 말미암아 신무용, 민속무용, 사교무용, 발레 등 각종 무용의 종류가 형성되면서 그간 사용해오던 "춤"이라는 우리의 고유명사가 "무용"으로 전화하는 시기이다. 또 원각사라는 극장무대가 생기는가 하면, 1920년대에 들어서면서 기생조합이 생긴 후로 남자 대신 기생이 상좌와 소무도 맡게 되고, 또 가면 대신 얼굴자랑으로 가면을 착용하지 않게 되었다고 한다. 또 사리원으로 옮겨 온 뒤로 평지에서 놀아오던 것을 관람석을 만들고 무대용 다락을 매어 그 위에서 연기하는 등 가설극장이 생기게 되었다(김영탁, 1981:62).

이와 같이 전통무용에서 창작무용에 이르기까지 마당놀이 형태에서 극장식 무대공연으로 변하여 가면서 남자무용가에서 여성무용가로, 순수한 여희에서 감상용 예술, 보이기 위한 예술로 관기 및 기생들의 사회 진출, 무용계 진출로 말미암은 일반인들과의 접촉 및 교류, 많은 남 · 여 무용가의 등장, 무용연구소 개설, 무용협회 및 조직과 많은 발표회 등으로 그간 침체되었던 무용계가 활성화되고 좁은 영역에서의 무용활동이 국제무대로 전이되는 획기적 전환을 맞이하였다. 이러한 배경을 두고 많은 내 · 외면적 갈등이 무용계에는 있었을 것이다. 신무용의 도입으로 말미암은 우리 전통문화와의 대립, 마당놀이에서 극장무대용으로서 춤의 본질의 갈등, 기생 사회유출에 의한 일반 무용인들과의 갈등, 순수예술을 지향하는 무용가와 봉건적 관습에 젖어 있는 관중들과의 갈등 등 참으로 걷잡을 수 없는 격동 속에서 근대의 무용은 자리를 잡기 시작하였다.

신무용이야말로 설혹 궁극적인 목적을 달성하지 못한 형태이긴 하지만 적어도 우리 전통적인 한국무용을 현대화시키고 무대화시키는 첫걸음이고 그런대로 성공한 예라는 송범(1976:62)의 말처럼 근대무용은 현대화, 무대화로서의 전환시대이고 무용예술이라는 범주를 형성해가는 시대였다고 보아야 할 것이다. 이러한 시대적 무용가 및 여성무용가는 대체적으로 한성준, 조택원, 정인방 최승희, 장추화, 배구자, 진수방, 박금술, 김민자, 박외선 등이다. 이 가운데 지대한 역할을 한 무용가는 한성준, 조택원, 최승희로서 각각 민속무용의 정립 및 창작무용의 시도로서 그 역량을 아낌없이 발휘하였다. 그러나 개방적 시대가 전개됨에도 불구하고 무용인 및 관중들의 의식은 순수함과 불순함, 봉건적 사고방식과 진보적 사고방식 속에서 많은 고충을 겪어야 했으며, 정치적 비극으로 말미암아 유일한 대표적 여성무용가였던 최승희는 월북을 할 수 밖에 없었기에 오늘날 현대무용계의 신화적 인물로 표현되었으며, 이제 그에 대한 연구 및 공개가 시작되고 있는 실정이다. 대부분의 여성무용가들은 무용가 및 관중들의 비인격적 인식에 환멸을 느꼈는가 하면 저항적 의식 속에 깊은 뿌리를 내리지 못하고 잠식하였고 꾸준히 한성준(1875~1941), 조택원(1907~1976)만이 근대무용을 현대에 이르기까지 그 영향력을 발휘하였다. 현재 진수방(1921~1995), 박외선(1915-2011)은 외국에 체류중[28] 별세하였다.

근대무용에 있어서 여성 무용가는 최승희를 대표적으로 꼽고 있다. 월북 후에도 북한무용을 지도하였으나 오늘날 그에 생존여부 및 활동 상태는 알 수가 없다. 그러나 그의 창조적, 학구적, 사상적 예술성은 많은 연구의 의욕을 낳게 한다. 2015년까지 출간된 최승희에 연구는 단행본, 학위논문, 학술논문, 학술대회집까지 포함하여 약 142건으로 나타났으며, 2011년 그녀의 탄생 100주년을 맞아 다양한 포럼 및 연구가 발표 되었다. 최승희의 작품성에 대하여는 1966년 3월 대학신문에 실린 「조선무용동작과 그 기법의 우수성 및 민족적 특성」이라는 글에서 무용예술가들은 고유한 민족적 성격과 그 행동과 사상, 감정을 반영한 조선무용의 동작과 기법의 우수성을 깊이 이해하고 이를 완전히 체득할 뿐만 아니라, 시대적 요구에 적응하고 더욱 발전시킨다는 것을 아주 커다란 예술적 과제라고 전제하면서 조선무용의 동작은 민족생활 뿐 만 아니라 체질과 기질, 그리고 자연환경, 기후, 주택, 민족 옷 등을 고려하여 조선무용의 동작과 표현기법이 나와야 한다(최승희, 1991:259)고 하였다.

이와 같은 예술정신으로 대부분의 여성무용가는 근대무용을 이끌었다. 그러나 한성준 · 조택원 이외에는 끝까지 무용계에서 활약한 여성무용가가 없었다는 것은 사회적 · 국가적으로 당면한 과도기의 현실이었다고 볼 수 있다. 신문화운동과 발맞추어 싹

28) 본 연구는 1992년 이루어진 학술연구로서 진수방은 1995년 박외선 전 이화여자대학교 무용과 교수는 2011년 별세하였다.

트기 시작한 근대무용은 다른 관련예술에 비해 부진성을 면치 못하였다. 그것의 가장 주된 요인으로는 그 당시 사회를 지배하던 유교사상, 봉건의식이었는데, 대체로 유교사상이나 봉건전통이 강한 사회에서는 음악, 연극, 무용 등을 직업으로 하는 사람을 극히 천시하였다. 그 밖에도 무용이 큰 발전을 보지 못한 이유로는 무용을 하나의 독립된 예술로 간주하지 않았다(조원경, 1967:121)는 것을 들 수 있다. 이렇듯 여성무용가들은 스스로 의욕적, 창조적, 예술성으로 노력을 하여 바람직한 역할을 수행하려 했지만, 그의 위치는 종래의 의식에서 큰 발전적 성향으로 전이하지 못하였다.

08

현대의 무용과 여성무용가의 관계

신문화, 신교육, 신무용의 단계를 거쳐 1960년대 전후로부터 오늘에 이르기까지 현대의 무용으로 간주하여 본다. 그 이유는 민속무용 및 전통무용만이 아니라 학교교육, 대학교육의 전개로 콩쿨 및 창작무용의 시도가 있기 시작하였기 때문이다. 1955년 5월에 이인범의 서울발레단 공연, 6월에 이화여대의 전국 여자 중 · 고등학교 무용 콩쿨, 1956년 한국무용가협회 조직, 1959년 한국무용협회를 결성하는 등, 구체적 무용계가 조직화되어 가기 시작했다. 1968년 한국민속무용단의 멕시코올림픽 등으로 외국에 정식으로 과시하고 소개하는 일이 있었는가 하면, 1974년 한국문화예술진흥원이 발족되어 18년간 각 분야의 진흥을 위해 최선을 다하고 있다. 그 외에도 국립 발레단, 국립 무용단 등의 발족으로 국립극장 산하단체가 결성되고, 1975년 서울시 예술단체 결성을 통해 무용단이 발족을 하는 등, 국가적 차원에서 지원을 받게 된 것이다. 이러한 상황에서 국립무용단은 주로 민속무용류를 국립국악원에서는 전통무용류, 서울시립무용단에서는 창작무용류, 국립발레단은 Ballet를 예술화시키면서 나타내었다. 1980년대에 들어서면서 각 시(市)에 시립무용단이 생기며, 각 대학 무용과의 동우회를 비롯 개인무용단체와 무용학원 동우회 등이 왕성한 활동을 하였다. 오늘날 한국무용계의 대표적 무용가는 작고하신 초대 국립무용단 단장 송범, 경희대 교수인 김백봉, 작고하신 한성준의 손녀 한영숙, 전통무용가인 이매방 등이며, 발레에서는 국립발레단장이었던 임성남을 들 수 있다. 그리고 이제 제자들이 그 맥을 이어가고 있다. 또한, 서울을 비롯한 각 지방에 산재해 있는 대학과 시(市)에 있는 무용단 등의 무용후진들이 무용계를 지지하여 나갈 것이다. 그러나 역사의 흐름을 통하여 오늘날과 비교해 볼 때, 무용인구의 확대, 대학무용인구의 확대, 공연의 확대 및 입시경쟁 등을 통한 과다한 학구열, 각종 단체의 활성화 등으로 팽배해진 내 · 외면적 갈등이 있다. 여성무용가도 많고 무용지원 인구의 대부분이 여성임에도 불구하고 신무용 이후 현재, 중요 위치에서 그 역할을 감당하는 대부분의 인물이 남성이었으며 그 후진 또한 남성이었다는 것에 대해 재고해 보아야 할 것이다. 더불어, 무용대학 및 그 여성인구가 많은데 비해 무용에 대한 저변인식이 아직도 사대주의적 관념 속에 머물러 있어서 남성이 무용을 지원하면 사회적 보호 및 장려범위가 국한되어 있는, 마치 역사를 역류하는 현실을 부정할 수가 없다. 이에 구체적으로 현상을 살펴 해결점을 찾아야 한다.

현재 대부분의 대학교수는 여성들이다. 사회적으로 그 활약 범위를 넓히는 무용가들은 대부분이 남성이다. 예를 들자면, 20세기의 무용계는 신무용시기의 한성준, 조택원을 선두로 하여 초대 국립무용단의 故송범, 국립발레단장 故임성남, 한국무용협회장 故김진걸, 국립국악원 정재 보유자 故김천흥, 故이매방 등, 거의 중요위치의 담당자들은 남성무용가로 그 맥을 이어왔으며, 뒤이어 그 맥을 故정재만, 조흥동, 국수호, 이흥구, 故임이조 등으로 이어가고 있다. 그러나 최근 무용인을 양성하는 교육기관의 중요인물들은 여성인데 반해, 실제 주된 활약범위 안에 있는 대부분이 남성이라는 것이다. 또한, 무용 이론가 및 평론가로서의 故박용구, 故조동화, 故정병호, 故안제승 등의 1세대를 비롯한 현재의 김태원, 채희완, 이종호, 송종건, 장광열 등의 이론가, 평론가를 보면 대부분 남성들이다. 그럼에도 불구하고 남성무용학도 및 무용가를 배출하기에는 그 지원 및 의식구조가 극히 제한적이고 남성무용가는 극히 희소하다. 고대부족국가시대에서 근대에 이르기까지 무용의 중요인물은 대체로 여성과 남자였다. 이러한 점 등으로 볼 때, 현대는 마치 무용은 여성의 전유물이며, 아름다움을 추구하는 미학적 측면에서 무용의 도구 및 본질은 여성이라고 정의할 수 있으리만큼 독점이지만 균형잡힌 무용계의 전환을 필요로 하는 현실이다.

우리의 춤 풍토는 대학권 무용이 융성했던 지난 80년대를 지나면서 너무나 현장성이 약화되고 있고, 또 그와 함께 직업적 춤꾼들의 구성이나 독립성이 매우 약화되고 있다는 느낌을 갖는다고 하였다(조동화, 1994:74). 또한, 90년대에 대두하고 있는 문제 중 가장 중요한 것의 하나가 춤의 직업화이다 -중략- 단순한 춤의 전문화와 직업화의 차별성을 두었다. 전문화란 춤을 선택하고 춤꾼이 춤꾼으로 훈련되고 학습되어지는 일종의 일차적인 과정으로 나는 봤으며 그 다음의 단계로 보았다(조동화, 1992:74)고 평론가 김태원은 말하였다.

이렇듯 여성의 독점물인 듯한 무용이 잘 보존 · 발전되지 못하는 이유가 앞서 말한 것처럼 대학을 졸업 후 대부분의 여성은 결혼을 거쳐서 그 무용에 대한 의욕 및 예술성이 약화되거나 그 활약범위가 축소 · 제한을 받는다. 그에 따라서 여성에 의한 무용전문화는 자연히 약화되는 것이며, 우리나라 현실이 각 대학 무용과를 나와서 직업을 가질 수 있을 만큼 일할 터전이 부족하다는 것이다. 극히 제한된 직업무용단, 또는 1973년 학교교육에서의 무용교육시간 축소 이후로, 무용교사가 거의 부재하다시피 한 현상과 무용인구의 팽배로 인하여 과거 수여되던 교사자격증마저도 최근의 대학무용과에서는 발급을 받지 못하여서 무용의 직업화를 이르기에는 자족적 능력이 없는 한, 거의 불가능한 상태인 것이다.

또 실질적인 시립무용단의 역사는 넉넉지는 않아도 단원들의 급료까지 보장하였던 서울시립무용단이 창설된 1975년에 시작되었다고 생각된다. -중략- 따라서 명칭 상으로는 '시립'이라고 하고 있으나 실질적으로는 무급자원봉사자의 단체나 다름없었다는 이유에서 지방의 몇몇 시립무용단에 대한 시 · 행정당국의 감독과 요구가 자연히 느슨해질 수밖에 없었을 것이다. 이에 따라 단체마다 차이는 있겠지만 시립무용단에서 여느 동호인 단체와 흡사한 일면이 때로는 강하게 느껴지기도 한다(한국문화예술진흥원, 1992:74)는 말과 같이 어려운 실정에서 발전된 오늘이지만, 대부분의 무용단은 관료체제하에 운영되고 있고 이제 90년대에 들어와서 그 처우가 호전적이지만 예술가, 무용가를 위한 단체가 아니라 관료들을, 행정을 위한 단체였다고 해도 과언은 아니기에 직업화, 전문화라는 것은 어려운 실정이고, 더더욱 여성에게는 그 활동영역 및 기간이 극히 제한적인 형편이다.

한편, 대학입시 과열로 인해 진정한 목표를 갖고, 또는 무용에 대한 능력을 자타가 인정하는 가운데 입문하기보다는 대학을 졸업해야 한다는 소위 학벌권위의식으로 말미암아 현재 이전의 다소 구습적 무용훈련과정 및 예술의 경지와는 비교할 수 없는 단기적 · 외형적 전문교육의 일면도 지적해야 할 점으로 본다. 현대의 무용이 양적으로 풍성한데 비해, 그리고 여성무용가가 많은데 비해 그 실효는 고려의 여지가 있다. 경제 강국으로서 부상되고 있는 오늘날 좋은 대학교육, 대학원 교육, 학원교육, 적극적인 부모의 교육열, 전문예술학교 설립 등 좋은 조건과 환경을 갖추고 있는 즈음, 무용인구의 대부분을 차지하고 있는 여성무용가들이 추구해야 할 것은 무엇인지 지속적이고, 계획적인, 목적과 목표를 추구하는 행위로의 발전을 해야 할 것이다.

1960년대 이후에는 미래지향적인 창작활동이 점차 일어나기 시작하여 전통의 현대화를 부르짖었고, 그러나 의식적으로 받아들이려고 했던 것은 다만 상충적이고 귀족적인 전통에 불과했으며, 고급관중의 취향에 맞는 고급예술 성향만을 지닌 것이었다. 이러한 의식은 1970년 중반까지 계속되어 왔으나 1970년 말부터 차츰 경향이 달라지기 시작했다. 젊은 무용학도들이 춤을 이론적인 학문으로 정립하고 이를 다시 예술창조의 세계에서 절대적으로 수용하는 작업을 해낸 것이다(김매자, 1990:29). 또 70년대 말부터 남성무용수의 등용과 집단적인 공연을 통하여 창작춤 운동이 일어나 춤의 위상이 달라졌다. -중략- 80년대 후반기에는 한국의 사회와 현실을 비판하는 호소를 담고 있는 민중춤들이 시작되었다(김매자, 1990:30)고 하였다.

근대이후 한국전쟁과 빠른 경제성장을 거쳐 현재에 이른 무용은 전통무용과 창작무용으로 나뉘어 발전하였다. 이는 1964년에 국가의 문화재를 지정하였는데 이 때 무용에서도 몇 가지가 무형문화재로 지정되면서 그 전통을 잇기 위한 노력이 지속적으로 이루어지고 있다. 또한 급변하는 시대 속에서 인간은 지속적으로 새로운 환경을 창출하고 경제력을 상승시키기 위해 노력하면서 다양한 사상을 받아들이기 시작하였고 이에 따른 창작무용이 다양하게 나타나기 시작하였다. 특별히 1990년대에 후반부터 무용은 탈장르 현상이 나타나기 시작했다. 1999년 당시, 한국무용을 주로 공연해온 국립무용단이 현대무용가 이정희에게 안무를 맡겨 현대무용을 접목한 종합무용극 「자연인」을 공연하였으며, 민속 춤 위주의 공연을 해 온 서울예술단이 현대무용가 안애순의 안무로 현대춤과 한국 전통춤이 접목된 「찬기파랑가」를 성공적으로 공연하였다. 무용가들에게 탈장르의 현상은 자신의 영역에 대한 고집에서 타 장르와의 혼합을 통한 새로운 표현의 수단을 모색하고 또 하나의 예술의 영역을 확장시키는 역할을 할 수 있도록 하였다(김수진, 2015:50). 하지만 당시의 탈장르 현상은 무용이라는 분야 안에서의 장르와 장르의 결합이었다는 것을 알 수 있다.

2010년 이후 무용계에서는 융 · 복합이라는 단어가 나타나기 시작하였는데 그 시작은 탈장르현상에서부터라고 할 수 있다. 앞서 탈장르가 무용과 무용의 결합이었다면 융 · 복합은 IT를 비롯한 새로운 기술이나 성능을 하나로 융합시키거나 합치는 것을 뜻하는 것으로 무용과 타 분야와의 결합이라는 좀 더 범의적이라 할 수 있다. 즉 무용의 인접분야인 음악, 미술, 미디어를 비롯한 문학, 과학 등과 같은 타 영역과의 융 · 복합을 통하여 새로운 예술의 영역을 구축하고 있는 것이다.

또한 무용은 실기에 의존하였던 것에서 이론화에도 노력을 기울이고 있는데 국립무용단이 1962년에, 시립무용단으로는 부산시립무용단이 1973년, 서울시립무용단이 1974년에 연이어 창단된 이래 현재까지 5개의 국립 단체를 비롯한 광역시 등의 각 지자체 무용단이 창립되었다. 그에 비해 무용학의 경우 1974년 대한무용학회가 처음 조직되었으며 1994년에야 무용학에 관한 첫 연구물이 나오면서 실기 뿐 아니라 무용학에 정립에 대한 필요가 꾸준히 제기되고 있다. 이후 오늘날에 이르기까지 미학, 예술론, 무용철학, 등과 같은 무용인문학의 정립과 무용 사회학, 무용과학, 무용치료 등과 같은 사회 · 과학적 무용학 연구가 점차 증가하고 있다.

현재에 이르기까지 지속적으로 제기되어 온 무용의 관심사는 대중화를 들 수 있다. 앞서 밝혔다시피 우리나라는 빠른 경제성장을 거치면서 문화 · 예술 보다는 물질경제에 초점이 맞추어졌다. 이러한 사회적 환경 속에서 무용계 역시 사회적 관심사 보다는 개인의 예술성에 초점을 둔 개별적 예술활동으로 인하여 일부 계층의 향유물 혹은 다양한 예술분야 중에서도 보편적으로 이해하기 어려운 추상적이고 특이한 예술이라는 대중적 편견이 자리잡게 되었다. 이는 2000년부터 2014년까지의 문화향수 실태조사 결과를 통해서도 알 수 있는데 15년간 7차례에 걸쳐 이루어진 조사에서 무용은 연평균 0.05회의 관람 횟수를 넘기지 못하였다. 가장 최근 이루어진 2014년의 조사에서도 전체 예술행사 관람률이 71. 3%에 달했지만 무용공연 관람률은 고작 2.4%로 나타났다(문화체육관광부 동향/연구보고서). 인간이 창조되고 태어나면서부터 시작되었다는 창조설과 본능설이 무색할 만큼 오늘날의 무용이 인간의 삶에서 향유되지 못하고 외면되고 있음을 나타내는 것이라 할 수 있다. 이처럼 무용의 대중화는 무용계가 해결해야 할 숙제와 같은 것으로 최근 무용계는 이를 해결하기 위하여 해설이 있는 무용, 찾아가는 공연, 커뮤니티 댄스 등을 통하여 대중들과 호흡할 수 있는 무용을 추구하고 있다. 또한 유니버설 발레단의 TV 예능 프로그램 출연과 「댄싱 위드 스타」, 「댄싱 9」 등의 프로그램을 통한 춤의 대중화도 도모하고 있는 것이다(김수진, 2015 : 62). 무용을 하는 사람은 누구나 무용이 인간의 삶에 얼마나 유익한 것인지에 대해서 인식할 것이다.

무용의 유익함을 대중에게 알리기 위해서는 무엇보다도 무용인의 가치관 즉, 무용예술관이 정립되어야 한다. 무엇보다도 무용의 신체에 대해서 바르게 인식하고, 신체를 통해 전달하는 메시지가 명확할 수 있는 내 · 외면적 조화가 이루어질 수 있도록 노력해야 한다. 조선시대의 유교사상이 지속 되면서 우리나라는 몸을 중요시 여기는 것이 시대가 빠르게 변화하지만 그 안에서 변화해야 하는 것과 변하지 말고 지켜야 하는 본질이 무엇인지에 대한 끊임없는 물음을 통하여 사회와 끊임없이 교류하며, 사회에 선한 영향력을 끼칠 수 있어야 한다.

무용예술의 질과 양이 심층 · 확대되어가고 있는데 어떠한 여성무용가이어야 하는지, 그 역할과 위치는 과거에 비해 어떠해야 할는지, 또 과거와 관계없이 여성무용가의 역할과 그 위치는 어떠해야 할까? 사람에게는 타인의 표현에 반응하는 자질과 자기를 표현할 수 있는 자질이 모두 있으며 스스로 예술작품을 만들어내는 것도 중요하지만 그에 못지않게 다른 사람이 만들어낸 예술을 올바르게 이해하는 것도 중요하다. 자신의 창조적인 여러 행동을 통해 자신의 의사를 전달하는 것 뿐만 아니라 다른 사람이 창조적이 될 수 있도록 격려하는 것도 중요한 것이다(에디스 쉐퍼, 이상미, 1991).

과거 특권층에 의해, 외래문화에 의해, 중국 예악의 영향에 의해, 종교의 변화에 의해 추어지던 여성무용가들의 춤은 자발적 표현력이 금지, 절제되어 있었다. 그러나 인간은 저마다의 개성과 능력, 자질이 있기에 그것을 표현할 권리가 또한 있는 것이다. 일종의 개인적인 창조적 적업이 예술인 것이다. 마치 들에 핀 풀포기가 모두 달라도 조화를 이루어 우리에게 푸르름과 신선함과 자연의 미를 그리고 맑은 공기를 제공하여 주듯 또 타인을 인정하고 존중하는 것 또한 중요하다. 예술의 경지란 도의 경지이다. 중국의 예악에서 나타난 것 처럼, 예(禮)보다 악(樂)을 중시하였으며, 그 악(樂)을 위하여 시(詩) · 가(歌) · 무(舞)를 동원하였다. 그 악(樂)은 도(道)의 극치였다. 그럼에도 불구하고 자칫 무용예술에 있을 수 있는 왜곡된 가치관이 있다. 비순수적 예술관, 비교육적 예술관, 실기중심의 편파적 예술성, 외모지향적 성향 등 경쟁, 비교, 비판 등이 그것일 것이다.

예술은 의식적인 훈련을 필요로 한다. 동작의 훈련이 의식적이어야 하듯이 그 동작을 이행하는 사람의 마음이 의식적이어야 할 것이다. 예를 들어, 오염된 음식과 식수는 그 안에 건강에 해로운 성분이 들어 있다는 것을 인식하지 못한 채로 몸 속으로 들어갈 수 있다는 점에서 사람을 속인다고 할 수 있다. 음식과 식수에 해로운 것이 들어 있다는 점을 지적하고 그것을 조사해 보는 사람들이 오랜 시간에 걸쳐 독성이 몸 속에 쌓이는 것을 눈치 채지 못할 수도 있다. 오염된 음식 때문에 생긴 병의 결과로 죽음이 올 수도 있다. -중략- 무엇보다도 가장 위험한 오염은 참된 진리가 오염되고, 하나님의 절대적인 말씀인 성경이 오염되는 것(에디스 쉐퍼, 1991:75)이라고 하였는데 이는 무용가들의 작품의 결과보다도 행위의 동기 및 과정에 있어 인생의 결합체가 예술의 결과라고 볼 때, 세상에 존재하는 저마다의 진리가 아닌 만물이 운행되고 소생되는, 그리고 그 안에 신비한 능력으로 사는 우리 인간들에게 영원히 변치 않는 진리로 전이될 때, 서로를 위하고 존재의 가치를 느끼며 바라고 원하는 좋은 문화권을 형성해 나갈 것이다.

과거 무용의 발달에는 종교적 영향이 지배적 역할을 하였다. 오늘날도 각종 종교가 존재하고 있다. 고대 부족국가에서는 하늘을 경외하였다. 역사과정에서 불교, 유교, 도교, 도참사상 등 각종 종교의식에 의해 인간이 경외하는 대상이 바뀌었다. 따라서 무용이 변천하였고 무용가의 역할 및 그 위치가 변해 온 것을 이미 앞서 밝혔다.

최근 불교, 미신(巫)이나 기독교 등, IT 산업발달, 다원화, 다문화의 유입으로 많은 종교가 범람하고 있다. 과연 인간의 참 존재를 구속하는 진리는 무엇일까? 고대 부족국가 시대처럼 하늘(天) 즉, 절대 신(神)인 하나님께 경외하며 모두가 하나 되며 서로가 제사장이 되어서 신분의 귀천 및 세력다툼, 분쟁 없이 화목제의 매개체가 되어야 할 것이다.

때로는 우리나라 무용의 원초적인 형태를 굿으로 보기도 하는데 무당의 자격은 신의 초월적인 힘을 체득하는 신병(神病) 체험을 거쳐 신격화(神格化) 되었다. 신병을 통해 획득한 영통력을 가지고 신과 만나는 종교적 제의로 굿을 주관할 수 있어야 했다. 즉 민간인의 종교적 욕구를 충족시켜서 민간층의 종교적 지지를 받아 민간층의 종교적 지도자의 위치에 있는 사람이어야 했다(김태곤, 1982:199-200). 또한 굿은 무당이 노래나 춤을 추며 귀신에게 치성을 드리는 의식(이희승, 1961:368)이라고 한 것 처럼 신은 신이되 귀신을 섬기는 것으로 나타나 있으며 귀신이 있다면 분명 신성한 신도 재고할 여지를 가져야 할 것이다.

로댕과 같은 사람들은 '예술가는 가장 종교적인 인간(R.하젤턴, 1983:77)'이라고 하였으며 피카소는 '예술이란 우리로 하여금 진리를 깨닫게 하는 허구(R.하젤턴, 1983:11)'라고 했다. 또 예술가의 진정한 소명이란 '행위가, 존재가 예술가와 그의 작품의 관계 안에서 일치된다는 것을 의미한다(R.하젤턴, 1983:79)'고 하였으며 '세상의 이와 같은 깊은 신비로운 생존력이 전제된 예술가의 소명은 어떤 중요한 점에서 사제와 예언자의 부르심과 비교될 수 있다(R.하젤턴, 1983:88)'라고 한 것을 볼 때, 진정 인간의 소명과 적극적 관계를 갖고 있다고 볼 수 있는, 무용가의 소명의 실체를 깊이 있게 숙고해야 한다.

지난 날 여성무용가의 본분을 상실한 채, 세상의 흐름에 따라 상대적 역할을 하는 위치에 있어서는 안 된다는 것을 강조하고자 한다. 성경 베드로전서 3장 3-4절에는 '너희 단장은 머리를 꾸미고 금을 차고 아름다운 옷을 입는 외모로 하지 말고 오직 마음에 숨은 사람을 온유하고 안정한 시림의 썩지 아니할 것으로 하라 이는 하나님 앞에 값진 것이니라'고 하였다. 니체는 '훌륭한 무용수가 자양분을 섭취하여 바라는 것은 지방질이 아니고 최대로 가능한 유연함일 것이다. 그리고 나는 철학자의 정신이 훌륭한 무용수보다 훨씬 더 원하는 것이 무엇인지 몰랐다. 왜냐하면 무용은 그의 이상이고, 또한 그의 예술이며 결국, 그의 유일한 경건함(신앙심), "신을 향한 봉사"인 것이기 때문이다(Maxine Sheets Jhonstone, 1992:21).' 라고 한 것 처럼 여성무용가의 역할 및 그 위치를 정립함에 있어 진정한 소명감을 가져야 할 것이다. 진정한 예술을 기(技)와 도(道)의 결합으로 이루어진다는 것이 우리 동양인의 사고방식이다. 따라서 예술품을 바라보는 동양인의 눈은 작품의

겉에 나타난 기교를 보는 것이 아니라 그 뒤에 숨어 있는 정신을 본다(허순선, 1991:18)는 것이다.

이상을 통하여 현대의 무용과 여성무용가의 관계의 현실제시를 통하여, 제언적 의미로 여성무용가의 역할 및 그 위치를 살펴보았다.

끝으로, 농경사회가 중심이었던 우리 조상들의 민속놀이에 대한 남녀 참여 통계에 의하면 '남자들의 47.68%, 그 가운데 여자들이 14.34%를 차지한다. 더구나 재주꾼 놀이의 연희자는 대부분 남자이므로 이를 더하면 남자놀이는 여자놀이의 4배이다(김광언, 1990:74).'라고 한 것 처럼 본 연구의 중심적 대상인 우리나라 여성의 관심은 극히 소극적이었음을 밝히면서 고대 부족국가시대부터 근래에 이르기까지 종교적 배경을 바탕으로 무용에 영향을 준 종교적 의식의 변화, 무용가의 역할 및 그 위치, 여성무용가의 역할 및 그 위치, 여성 무용가와 무용의 발달과의 관계 및 현대의 무용과 여성무용가의 역할 및 위치를 살펴 본 결론은 다음과 같다.

첫째, 고대로부터 근대에 이르기까지 무용이 어느 시대를 막론하고 종교적 영향을 받았는데 고대는 제천의식의 경천사상을, 삼국시대는 불교 및 유교, 고려는 불교 및 유교, 도참사상, 조선은 유교 및 미신적 영향이 근대에 와서는 유교적 사상 및 봉건적 사대주의 사상이 지배적 영향력을 끼친 것을 알 수 있었다.

둘째, 무용가들의 역할 및 그 위치는 고대에는 제정일치의 정권으로 천군, 군장 등이 스스로 제사장이 되어 무용가의 위치에서 그 역할을 감당하였고 서민들도 신분의 귀천 없이 같이 참여하였다.

삼국시대에는 부족장 등이 귀족으로 등장하고 불교의 장려로 말미암아 신분이 차이가 생기므로 제인, 관기, 무동 등은 천민에 속하였고 그 역할은 감상용, 접대용, 오락용의 일을 맡았다. 왕이나 귀족, 승려는 특권계층으로서 스스로 춤을 추기도 하며 무용가로서, 감상자로서의 입장이 있었다. 특히 중국 남 · 북조의 영향으로 관기 · 무동 등은 자유 없는 접대 · 감상 · 오락용 무용가로서 그 역할을 감당하여야만 했다.

고려시대 역시 불교의 영향과 유교, 중국의 영향으로 귀족계급의 연희용 무용가 등으로 국한 되었고, 무속신앙이 싹트기 시작하여 무격자로서의 무용가가 탄생하고, 그 위치는 천민에 속하였다.

조선시대에 이르러서는 그간 다소 융화적 관계를 맺었던 예능인과 귀족들의 관계가 숭유억불정책으로 말미암아 봉건적 사상은 더욱 짙어져서 정재무를 담당하는 무동 · 무녀 및 관기를 제외한 예능인은 천시되었고 무속신앙은 고려보다 더욱 강화되면서 그 위치는 더욱 저하되었다. 조선조에 이르러서 일본, 구미 등의 영향과 유교적 · 불교적 · 미신적 사상 등이 봉건적 사대주의 사상과 함께 병행하면서 특별히 종교적 배경이 무용을 지배하지는 못하였고, 무용가들의 역할을 예술가로서 담당하였고 그 위치는 개척적인 자세 및 노력은 엿보였으나 천시하는 민족의식이 뿌리깊이 박혀서 격하된 무용가의 위치를 조속히 정상화시키지는 못하였다는 것을 알 수 있었다.

셋째, 여성무용가의 역할 및 위치와 무용과의 발달관계는 다음과 같다.

고대 부족국가시대에서 조선에 이르기까지 고대 부족국가시대를 제외하고는 대체로 천민계급에 있었으며, 주로 특권계층의 감상용, 접대용, 오락용 등의 정치적 제도의 한 수단으로 유지되어 왔다. 단, 고대 부족국가시대만이 남녀 구별없는 신분의 차이가 없는 공동체사상인 것을 알 수 있으며, 근대 말기에 사회를 유도하고 문화와 삶을 기경하는 창조적, 사상적 창작의 의도 및 공연의 의도가 발흥함으로써 그간 침체된 무용가의 역할 및 위치가 다소 회복된 것으로 나타났다. 무용의 발달에는 여성무용가를 통하여 중추적 역할은 하지 못하였고 조선조에 들어오기 전까지 남성무용가가(무용, 예인, 재인, 광대) 그 중심을 이루었고, 여성무용은 외래악 중심의 정재 및 무속무용, 연희용, 오락놀이, 민속무용, 집단무용 등에서 그 영향을 끼쳤다. 그러나 오늘날 그간의 구속받는 천민계급으로서의 무인(舞人) 및 사대주의 사상에 의한 능인(能人)의 위치를 잘 극복하여 오늘에 이르러 왕성한 활동을 하고 있음이 역사적으로 중요한 사실임을 알 수 있었다.

넷째, 현대의 무용은 과거 무용의 역사를 바탕으로 천민의 계급의식 및 유교적, 사대주의적 사고 방식을 벗어나 창조주이신 하나님이 진정 인간에게 나름대로 허락하신 인격, 지식, 능력을 제사장적인 위치에서 소명감을 갖고 발달시켜 나가야 할 것이다.

여성무용가가 지배적인데 비해 그 역할은 난해하다. 주어진 직분 교수, 교사, 무용가, 무용수, 무용단원, 학원장, 이론가 등 참으로 많은데 참 결실을 맺을 수 있는 여성으로서의 위상정립과 동시에 여성무용가의 이상형을 구체적으로 실현해 나가야 할 것이다. 최근 작고하신 예총회장이셨던 무용가 故강선영은 국회의원으로서도 활동을 하였다. 그 직위도 중요한 것이지만 이러한 역할과 위치를 맡을 수 있는 사회적 여건이 조성되었기에 이제 맡은 바 본분이 무엇인지, 그 주어진 본분을 내 것으로가 아니라, 타의 것으로, 그리고 사회의 올바른 등불이 되는 것으로써 모색해야 할 것이다.

이상의 내용에 따라 미래의 발전을 위한 제시를 하면 다음과 같다.

첫째, 우리나라 무용이 외래적 문화수용과정에 있어서 올바른 철학이 정립되어 있지 않아서 외형적, 형식적 규모로만 성행하였던 것을 알 수 있기에 오늘날 역사적 배경을 바탕으로 한 지속적인 무용철학적 접근의 정립이 있어야 하겠다.

둘째, 과거 무용의 활동 및 무용가들의 역할이 여성이 지배적이었을 것으로 추축되었는데 연구 결과 남성무용가가 거의 중추적 역할과 위치에 있었다는 것을 볼 때, 성적(性的) 구별이 없는 전반적 무용가의 활동 및 역할을 형성하기 위해 무용인력의 제도적 관리가 필요하다.

셋째, 오늘날의 여성무용가는 과거의 역사에 비해 무척 긍정적, 신뢰적 환경 가운데 있음을 인지 할 수 있고, 과거 왜곡 되어온 여성무용가의 본질을 우리 것이라 하여 수용하기보다는 근본적인 인간의, 여성의 삶과 그 사명에 비추어서 여성무용가의 위치를 재정립해야 할 것이다.

넷째, 현대의 무용인구의 대부분은 여성이 차지하면서도 무용가의 중요 직분 및 적극적 활동은 남성무용가가 지배적이라는 것을 감안할 때, 여성무용가에 대한 적극적 활동을 교육 및 사회제도로 장려해야 할 것이다.

다섯째, 여성이 여성의 직분을 이탈한 역사가 많다. 이러한 왜곡된 여성상으로 사회생활을 할 수는 없다. 또 주어진 사회생활은 적어도 세상에 드러나는 작업보다도 무용계의 그 어느 부분이라도 내면을 정립해가는 역할 및 위치 또한 바람직할 것이라고 보았다. 그러므로 여성의 많은 발달과 변모를 통하여 오늘날 무용계 여성상을 다양화시키고, 그간 개발되지 않은 분야를 개척하여 인력이 전체적으로 기능을 감당하면서 능력별 재능별 위치와 분야를 개발, 위치를 확산시켜 나가야 할 것이다.

여섯째, 오늘날과 같이 많은 종교와 철학, 사상, 나아가 각자의 소견에 따른 무용 예술성이 다양하다. 과거 무용은 국가와 인간의 권력, 종교, 사회적, 정치적, 국 · 내외의 변화에 따라 무용 및 무용가의 다양한 위치에서 각고의 고통을 겪어야 했다. 무용의 본질, 매개체적 역할은 인간이다. 인간은 만물의 영장이요, 존귀한 존재이기에 무용은 가장 존귀한 분야임이 자명한 사실이다. 한 영혼이 온 천하 보다 귀한 것이다. 이에 고대 부족국가시대의 제천의식 즉, 영신의례, 축귀의례의 경천사상으로 피조물로서의 겸허함을 통해 섬기는 진정한 여성상과 무용예술을 정립해봄이 바림직할 것이다.

이상의 내용을 현재 및 미래의 여성무용가의 정립에 적용, 반영, 발전시켜간다면 바람직한 여성무용가의 위치정립 및 무용의 발전에 이바지될 것이다.

II

한국의 역사와 무용의 연표

+++++

본 장은 1995년 삼신각에서 출판된 김매자, 김영희 공저의 『한국무용사』 중 p.279~289를 참조하여 보완 · 분석하였음.

01

고대부족국가시대
(고구려, 동예, 마한, 진한, 변한, 부여)

〈부족국가시대지도〉

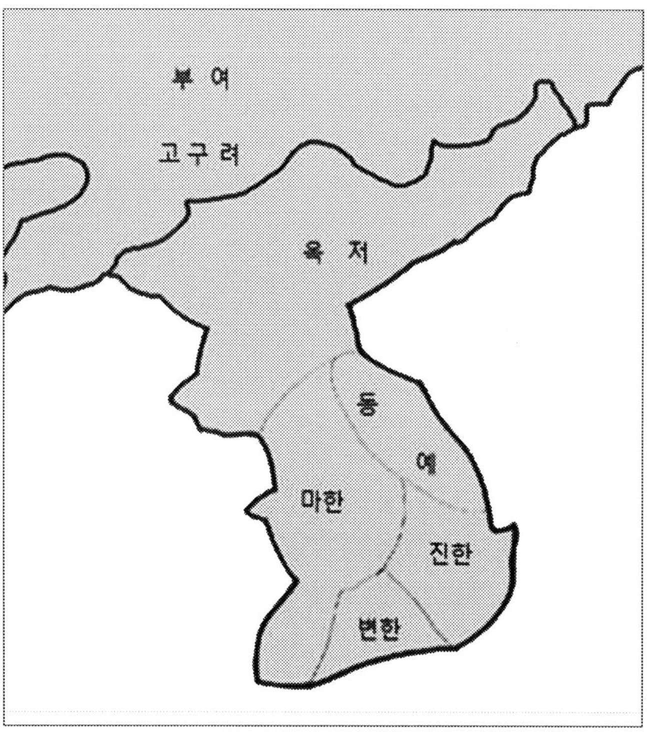

국가	시기	왕명	왕년	내용
고대 부족국가	A.D 1			부여의 영고/고구려의 동맹/예의 무천 /마한의 오 · 십월제

[부족국가시대 연표]

고대부족국가는 제천의식을 통하여 무용이 성립되었는데 부영의 영고, 고구려의 동맹 예의 무천, 마한의 오 · 십월제 등 모두 4가지의 기록이 전해지고 있다.

02

삼국시대
(고구려, 백제, 신라)

〈삼국지도〉

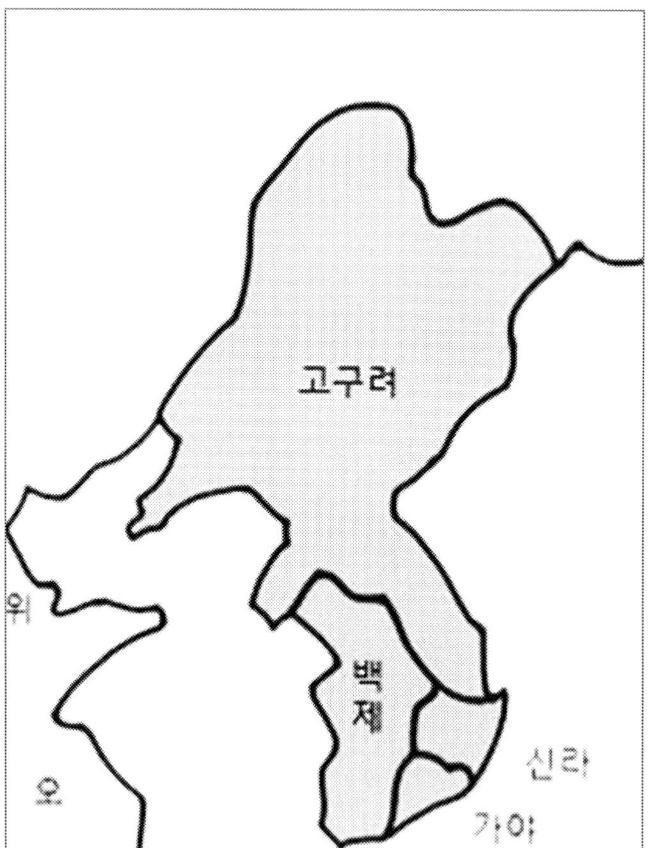

국가	시기	왕명	왕년	내용
백제	3	침류왕	1	진으로부터 호승 전래, 불교예술 수용
	554			백제악 일본에 전래
	612	무왕	13	미마지가 기악무 일본에 전함
신라	28	유리왕	5	도솔가무
	32		9	회소곡
	56		33	가배절 가무백희, 상하신열악무
	468	문무왕	8	대아창용장이 잔치를 배품 – 견주의 아들 능안이 15세의 나이로 가야지무를 춤
	551	진흥왕	2	팔관회 처음 시행 – 가무백희 하신열무, 사내무, 상신열무, 소경무, 사내금무 등
	562		13	우륵 – 법지:노래, 계고:가야고, 만덕: 춤 전승
	660	무열왕	7	무애무
	664	문무왕	4	정천, 구일 등 28명 부성에서 당악을 배움
			17	삼국통일로 고구려, 백제문화가 융합되기 시작
	879	헌강왕	5	처용가무
	890	진성 여왕	4	성룡사에서 관등놀이를 함

[삼국시대연표]

삼국시대의 무용 중 고구려의 무용은 연대가 기록된 무용의 역사적 기록이 아닌 무용의 종류와 방법을 기록해 놓은 자료이므로 연표가 나타나있지 않다. 백제의 무용은 외부로부터의 종교 및 예술의 도입으로 전개 되었다. 처음으로 미마지라는 무용가의 이름이 기록되었으며 그 무용가는 남성이었음을 알 수 있다.

신라의 무용의 목적은 주로 잔치 등의 연회가 목적으로 귀족의 무용이며, 남성무용가가 있었다. 남자들은 연주, 노래, 무용을 담당하였고, 문무왕 4년에 처음 무용수 인원의 기록이 남겨졌고, 중국의 악을 배워왔다. 헌강왕 5년에 남성무용인 처용가무가 창작되었음을 알 수 있다.

03

고려시대

〈고려시대 지도〉

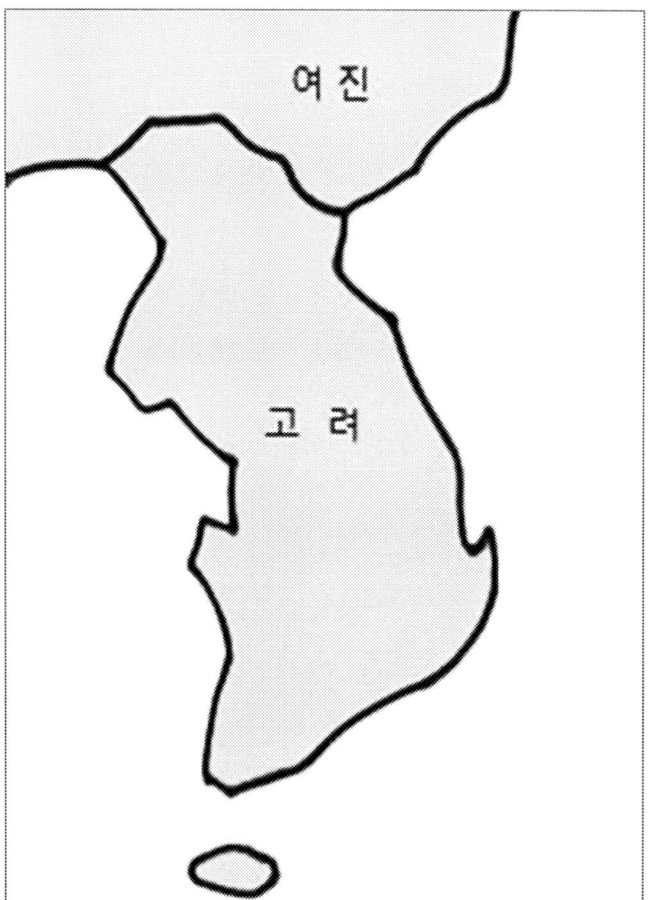

국가	시기	왕명	왕년	내용
고려	918	태조	1	연등회, 팔관회, 가무백희
	982	성종		연등회, 팔관회 폐지
	1010	현종	1	연등회, 팔관회 부활
	1072	문종	26	정재인 답사행가무을 송으로부터 수입
	1073		27	포구락, 구장기별기 수입 (교방여제자인 진경과 13인-답사행가무 초영등 10인 포구락과 구장별장기 상연)
	1074		28	왕모대가무 전래
	1076		30	대악관현방 설치
	1077		31	왕모대가무 상연 (초영을 비롯한 55인, 중광전)
	1083			헌선도, 수연장, 오양선, 연화대, 성택, 교곡파, 만년환만 등 송으로 전래
	1114	예종	9	안직승이 송으로부터 신악기와 곡보 및 지경도 전래, 헌선도 상연
	1116		11	창우잡기들이 궁중대연에서 무작 연출
	1117		12	주주계단투화인의 계단가무잡희 상연 (거란의 가무와 잡종 유희를 연행)
	1145	인종	23	김부식이 삼국사기 50권 완성
	1244	고종	31	가면인잡희, 처용무 상연
	1245		32	연등회 채붕[1]걸고 기악백희 연출
	1254		41	대장경 조판 필공
	1283	충열왕	9	원의 남녀창우 졸조하여 백희[2]를 상연
	1288		14	창우희 상연 기생 적선래에게 태평곡을 가르치고 내연에서 창하게 함
	1308 ~ 1343	충열왕 ~ 충례왕	 4	기녀와 무녀를 시켜 검무, 군웅무가 상연 나희, 호희, 상연
	~ 1374 ~ 1384 ~	공민왕 ~ 우왕	10	권세가노 풍자한 창희 연출 당인희 · 무결무 상연 이색이 시 산대잡극, 구나행을 지음 승려, 귀족을 풍자한 가면극이 시작됨

[고려시대 연표]

고려시대의 무용은 연등회, 팔관회, 가무백희 등으로 전국민이 함께 향유하였다. 그러나 성종 때 28년간 연등회와 팔관회가 폐지되었는데 이는 당시 연등회와 팔관회를 준비하기 위해 동원된 노역이 과하고 여러 꼭두가시 인형을 만드는 비용이 많았다. 또한 불교의 행사이지만 무대장치가 화려하고 춤과 놀이가 불경스러워 불교의 사상과 맞지 않다는 이유였다. 그러나 이는 표면적인 이유로 그 내면에는 성종이 불교보다는 유학사상에 심취하였기 때문이다. 이후 1010년 현종이 즉위한 해에 연등회와 팔관회가 부활하였으나 답사행가무를 송나라로부터 수입하였다.

1073년 고려사악지를 통해 교방여제자인 진경과 초영의 기록을 통해 처음 여성무용가의 이름이 등장하였다. 이후 1076년 대악관현방이라는 예술 관장기관이 설치 되었으며 1114년(예종 9) 안직승이 송나라로부터 신악기와 곡보 및 지경도를 전래하였다. 특히 예종 집권시기에는 잡기가 상연되었는데 창우잡기들이 궁중대연에서 무작을 연출하고 이후 주계단투화인의 계단가무잡희 상연을 통해 거란의 가무와 잡종 유희를 연행하였음을 알 수 있다.

1145년(인종 23)에 김부식의 삼국사기 50권이 완성되었으며 이후 1233년(고종 31) 잡희가 등장하였다. 1245년 채붕이라는 무대가 만들어졌고 1283년(충열왕 9년) 원의 남녀를 통해 백희 즉, 가면놀이 등과 같은 연희가 상연되었다. 1288년 이후 기녀와 무녀를 통해 내연에서 상연되었다. 1374 공민왕 집권 이후 가면극이 등장하였음을 알 수 있다.

1) 나무로 단을 만들고 오색 비단 장막을 늘어뜨린 장식무대

2) 온갖 연희, 가면놀이, 곡예, 요술 등

04

조선시대

〈조선시대 지도〉

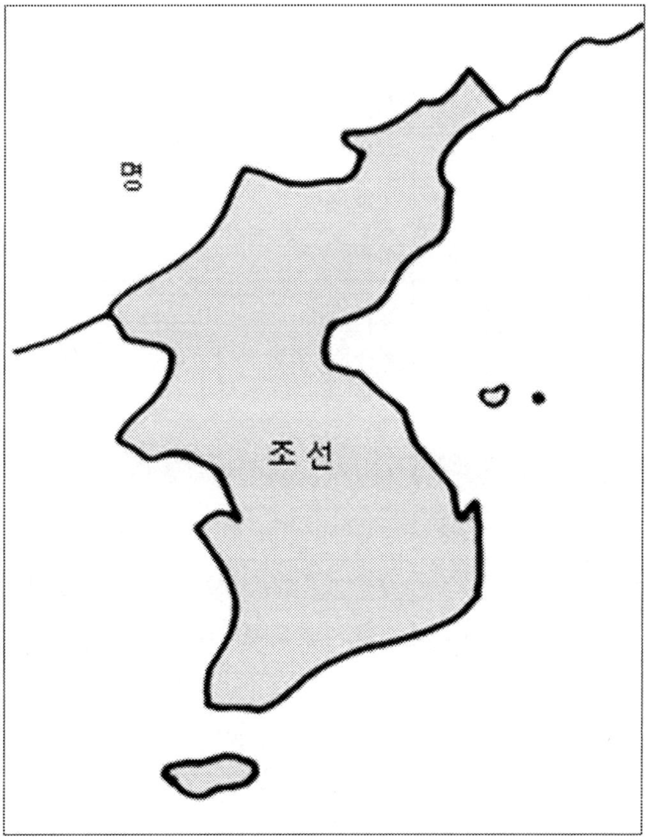

국가	시기	왕명	왕년	내용
조선시대	1392	태조	1	고려멸망, 조선건국
	1392			정도전이 수보록 창제
				곡악서, 아악부 설치
	1393		2	정도전이 몽금척 악장 상정
	1394		3	중국 명나라 사신 영접에 산대극 거행
	1401	태종	1	산붕결채나례 거행 몽금척 정재무로 상정
	1402		2	하륜[3]이 근천정, 수명명, 악장상정 무악화
	1418	태종년간		성택 정재무 상정
	1419	세종	1	산대극 거행, 변계량[4]이 왕명을 받아 하성명과 하황은을 제작, 무악화 하고 사신연에 사용하기로 함
	1424		6	부묘환궁 때 산대극 거행
	1425		7	곡파 재연
	1428		10	성택 상연
	1429		11	나희 관람
	1432		14	회례문무악장 제작(정조, 신장, 정인지 등) 문무, 무무의 무의를 도설로 고정(박연)
	1445		27	용비어천가 상정하고 무악으로 구성 봉래의를 정재무로 제작
	1446		28	훈민정음 반포
	1463	세조	9	세종 때의 회례악무 내용을 간추림(최항)
	1464		10	나례 관람 때 축역우인 관사 탐령의 장 연출
				보태평, 정대업을 종묘제례악으로 채택
	1466		12	악학궤범을 장악서로 개칭
	1468		14	맹이취인장 연출
	1474	성종	5	경국대전완성 반포
	1479		10	산대나례 거행
	1466~70			장락서를 장학원으로 개칭
	1493		24	성현, 악학궤범 간행

국가	시기	왕명	왕년	내용
조선시대	1504	연산	10	성균관을 유연소로 하고 원각사[5] 철폐함 산대극
	1505 ~ 1506			장악원을 연방원, 함병원, 퇴양원, 진향원을로 개칭
	1506		12	처용무 5인을 선계하고 왕이 가면을 쓰고 무작 해금기생 경한선 등 4인 선발
	1507	중종	2	성희안에 의해 내연에만 여악을 쓰도록 함 정전 회연에서는 여악을 금함
	1510		5	연례악 제정
	1518		13	장악원 제조에게 악사 개작 명함(남곤) 아박, 무고, 처용무의 악사를 신도가, 오관산, 수만년사로 바꿈. 오양선, 포구락, 아박, 무고 정재를 진찬에 씀 종신과 연희때 수보록, 몽금청, 오양선, 포구락, 무고를 사용
	1521		16	동계 나례시 산대극 거행
	1537		32	장악원에서 정대업, 연화대, 몽금척, 헌선도 등 잡희 건의
	1551	명종	6	아악교정청 개설
	1561		16	진풍정 때 정재무와 산대극 거행
	1592	선조	25	임진왜란 발발
	1621	광해	8	산대극 상연 진풍정 때 헌선도, 수연장, 오양선 등의 정재무 상연
	1636	인조	13	병자호란으로 10여년간 무악 중단
	1647		25	중묘춘향대제에서 음악과 일무 사용
	1655	효종	6	무급관현맹인 임용
	1688	숙종	8	악기조성청 설립
	1710		30	편종, 편경 제작

국가	시기	왕명	왕년	내용
	1725 ~ 1776	영조년간		아박 초무, 향발, 무기, 처용무 등 정재를 외연 헌선도, 수연장, 오양선, 포구락, 연화대, 몽금척, 봉래의, 아박, 무고, 첨수무, 처용무 등 정재를 내연에서 사용 연양에서 추는 정재의 단자는 왕이 결정
	1777 ~ 1800	정조년간		외연 – 무동정재: 초무, 아박, 향발무, 무고, 처용무 내연 – 여기정재 : 헌선도, 수연장, 오양선, 포구락, 연화대, 몽금척, 하황은, 봉래의, 아박, 향발, 무고 등으로 확정
	1811 ~1884	순조~ 고종	11~ 21	판소리 여섯마당 정리(춘양가, 심청가, 토별가, 박타령, 적벽가, 변강쇠가) – 신재효
	1828	순조	28	진작 – 내연, 외연에서 무동에게 정재 맡김 효명세자 창작 – 망선문, 보상무, 만수무, 헌천화, 춘대옥촉, 경풍도, 영지무, 박접무, 춘앵전, 첩승무, 무산향, 심향춘, 연화대, 춘광호, 최화무, 가인전목단, 고구려무, 향발무 등 18개
	1829		29	진찬 – 여령정재 부활 장생보연지무, 검기무, 선유락, 첨수무, 가인전목단, 초무등 상연 외연(무동) – 연백복지무, 가인전목단, 보상무, 무고, 아박, 향발, 사선무, 무애무 등 11종 연출
	1852	철종	3	광한루악부 성립 (윤달선)
	1868	고종	5	진찬거행
	1873		10	진찬거행
	1877		14	진찬거행
	1887		24	진찬거행
	1892		29	진찬거행
	1897	광무	1	궁내부 산하 장악원 – 교방사로 개칭 제조 이하 772인 정원
	1902		6	고종등극 40년 기념 경예식 희대를 봉상사내 설치 협률사 – 소춘대유희 시행
	1907	륭희	1	교방사 – 장악과로 개칭 국악사장 아래 305인 정원
	1908		2	원각사[6] 개관 신연극, 은세계 상연
	1909		3	교방 폐지 수궁가 상연

[조선시대 연표]

조선시대의 무용의 시작은 정도저의 수보록 창제로부터 시작된다고 볼 수 있다. 당시 조선은 사신을 영접할 때 연회가 수반되었는데 곡악서, 아악부가 1392년 태조 1년에 설치 되었다. 이후 1393년(태조 2) 정도전이 몽금척 악장을 상정하였는데 이 역시 사신을 맞이하기 위한 연회에서 사용하였다.

1401년(태종 1년) 몽금척이 정재로 상정되면서 나례가 시작되었는데 하륜이 근천정과 수명명 악장을 상정함으로 무악화 되었다. 1418년(세종 1) 산대극이 거행되었으며 외국 사신을 영접하기 할 때 사용할 공연의 용도로 변계량이 왕명을 받아 하성명과 하황은을 제작하였다. 1424년부터 1429년까지 세종 때에는 재연 관람이 특히 많았던 것으로 보이며, 1432년(세종 14) 문무와 무무를 분별하여 상정하였음을 알 수 있다.

세조 시대에는 크게 최항을 통해 회례악무를 정리하였고 나례에 대한 극화 작업이 나타났으며 무엇보다도 보태평과 정대업으로 종묘제례악이 채택되었다. 이후 악학궤범을 장악서로 기록지를 개칭하였다.

1479년(성종 10) 산대나례가 거행되었으며 무엇보다도 성종에서 연산으로 왕위가 바뀌면서 장락서가 장학원으로 명칭이 변경되었고, 처용무 5인이 선계되면서 무엇보다 왕이 친히 기생과 무용을 했다는 것이 큰 사건이라 할 수 있다.

중종의 재임기간이 1507년부터는 내연과 외연에서의 무희가 구별되었는데 여기는 오직 내연에서만 여악을 할 수 있다. 무엇보다도 연례악이 제정되었는데, 연례악이란 궁중의 연향과 조의 때 연주된 모든 음악을 말한다. 연례악은 사신을 위한 잔치, 원자의 탄생이나 왕세자의 책봉, 동짓날의 회례연, 왕과 완비의 탄일, 경사스러운 날 등 다양한 축하 자리에서 연주되었다. 예연때는 악사 2명의 지휘 아래 여기 100명과 악공 60명이 음악과 정재를 공연했다고 한다.

1551년(명종 6)에는 아악교정청을 개설하였고 정재무와 산대극을 연합하여 공연하였다. 연산 이후 46년만인 1592년(선조 25)에 임진왜란이 발발함으로 1598년(선조 31)까지의 긴 전쟁이 시작되었다. 긴 전쟁을 수습 한 지 약 23년만인 1621년(광해 8)에 산대극을 비롯한 헌선도, 수연장, 오양선 등의 정재무가 상연되었으나, 이나마도 14년 후인 1636년 병자호란으로 10여년간 무악이 중단되게 되었다. 이후 병자호란이 끝나고 10년 뒤인

1647년 종묘춘향대제에서 음악과 일무가 사용되었는데 일무는 광해 이후 약 26년 만에 상연되었다.

1688년 숙종은 악기조성청을 설립함으로 악기와 연주자들 즉, 음악에 집중하였으며 1710년(숙종 30)에 편종과 편경이 제작되었다.

1725년부터 1800년까지 영조와 정조의 치리 기간에는 무동정재와 여기정재가 또렷하게 구분되었다. 영조는 아박, 초무, 향발, 무기, 처용무 등을 외연으로 헌선도, 수연장, 오양선, 포구락, 연화대, 몽금척, 봉래의, 아박, 무고, 첨수무, 처용무 등의 정재는 내연에서 사용하는 것으로 하였으며, 연향에서 추는 정자의 단자는 왕이 결정할 수 있도록 하였다. 더불어 처용무는 외연과 내연에서 모두 사용하였음을 알 수 있다. 이후 정조 때에는 이를 외연은 동일하였으며, 내연에서만 봉래의, 첨수무, 처용무가 빠지고 하황은과 향발이 추가되어 확정 되었다.

1811년(순조)~1884(고종)때 까지 판소리 여섯마당이 춘양가, 심청가, 토별가, 박타령, 적벽가, 변강쇠가로 신재효에 의해 정리되었다. 무엇보다도 순조의 치리기간 중에는 무용사적으로 많은 발전을 이룩하였는데 1828년(순조 28)에 진작에서의 내연과 외연을 모두 무동에게 맡기게 되었다. 무엇보다도 순조 때는 효명세자가 활발히 정재를 창작하였는데 망선문을 비롯한 보상무, 만수무, 헌천화, 춘대옥촉, 경풍도, 영지무, 박접무, 춘앵전, 첩승무, 무산향, 심향춘, 연화대, 춘광호, 최화무, 가인전목단, 고구려무, 향발무 등 모두 18개의 정재가 창작되었다. 순조 18년 만인 1829년 여령정재가 부활한 진찬을 볼 수 있었으며, 외연에서는 무동인 남자가 정재를 수행하였으며, 이후 약 40년간 5회에 걸쳐 진찬을 거행하였다.

1505년 개칭 된 장악원을 약 300년만인 1897년(광무 1) 교방사로 개칭하였다. 다시 약 10년 후인 1907년(륭희 1) 교방사를 장악과로 개칭하였다. 이후 1908년 우리나라 최초의

---

3) 고려 말 조선 전기의 문신으로 조선 초 이방원을 도와 왕위에 오르게 한 인물

4) 조선 전기의 문신으로 하성명과 하황은을 제작

5) 서울특별시 종로구 종로 2가 탑골공원 자리에 있던 사찰. 홍복사라는 이름으로 고려시대부터 내려온 고찰로 1464년(세조 10)에 중건하고 원각사라고 함. 연산군 재위 10년에 폐사시키고 전국에서 뽑아온 기녀들의 숙소로 만듬

6) 한국 최초의 서구식 극장

서양식 극장이 원각사가 개관되고 공연이 이어졌다. 그러나 1909년(륭희 3) 약 826년만에 교방이 폐지되었다.

05

근대

〈근대-일제강점기 지도〉

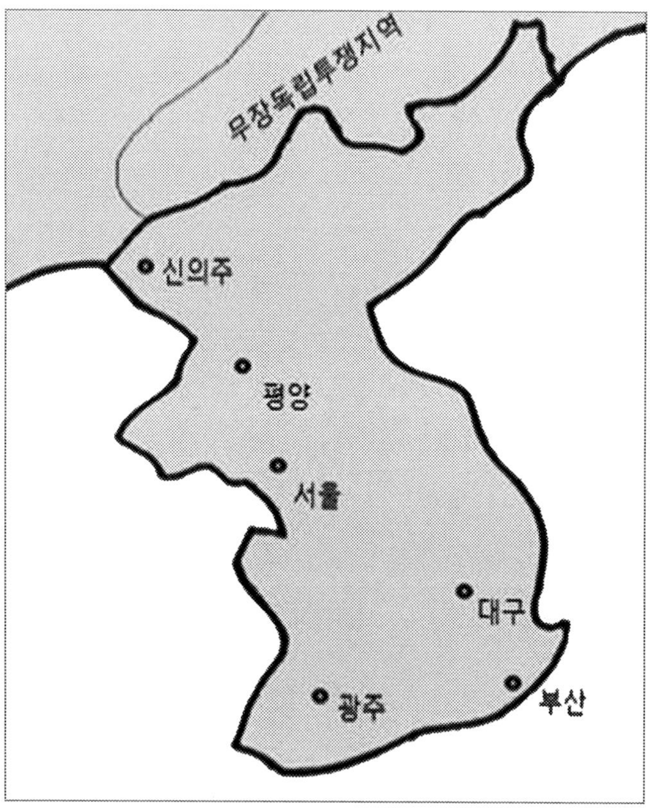

국가	시기	왕명	왕년	내용
일제 강점기	1910	륭희	4	한일합방 / 대한매일신보 발간 궁기제도 폐지 조양구락부 발족
	1912			조양구락부 – 조선정악전습소로 개칭 여악분원 – 여기에게 가무교습 정방별곡, 사고무 창작 – 하규일
	1915			조선기생조합 경복궁 공연 – 봉래의, 수연장, 오양선, 헌천화
	1923			순종황제 탄신 50주 기념일 축하연 수연장, 만수무, 무고, 처용무, 연백복지무, 가인전목단, 향발무, 보상무, 봉래의, 춘앵전, 포구락, 장생보연지무 등 12종 –창덕궁 인정전 정전 공연
	1929			배구자 무용연구소 제1회 발표회
	1930			최승희 제 1 회 무용발표회 조선음악무용연구회 조직(한성준)
	1931			처용무, 향발무, 장생보연지무, 가인전목단 정재 전수
	1934			한성준 노선무용연구소 개설 최승희 제1회 신작발표회 조택원 제1회 무용발표회
	1935			조선무용음악회 개최 – 한성준, 부민관
	1936			처용무, 향발무, 장생보연지무 전수 조택원 도불고별공연
	1938			중일전쟁으로 유흥업 폐지 및 무용활동 중지
	1940			김민자 무용발표회(서울)
	1942	4		조택원 부여회상곡 공연

[근대-일제강점기 연표]

일제강점기이며 한일합방을 한 1910년 궁기제도가 폐지되면서 조양구락부가 발족되었다. 이후 2년 뒤인 1912년 주양구락부는 조선정악전습소로 개칭되었으며 교방 폐지 후인 1915년 조선기생조합이 경복궁에서 정재를 공연하였다. 이후 1929년 공연된 무용가의 첫공연은 배구자 무용연구소의 발표회라 할 수 있다. 그리고 이보다 1년이 늦은 1930년, 최승희의 무용발표회가 개최되었으며 1930년 한성준에 의해 조선음악무용연구소가 조직되었다. 오늘날 한국민속무용의 대가(大家)라 할 수 있는 한성준이 1934년 노선무용연구소를 개설하였으며, 한성준의 부단한 노력이 궁중무용, 민속무용등을 무대화하여 발전시키며 오늘에 이를 수 있는 토대를 마련해 주었다.

06

한국전쟁 전 · 후

〈한국전쟁 시 지도〉

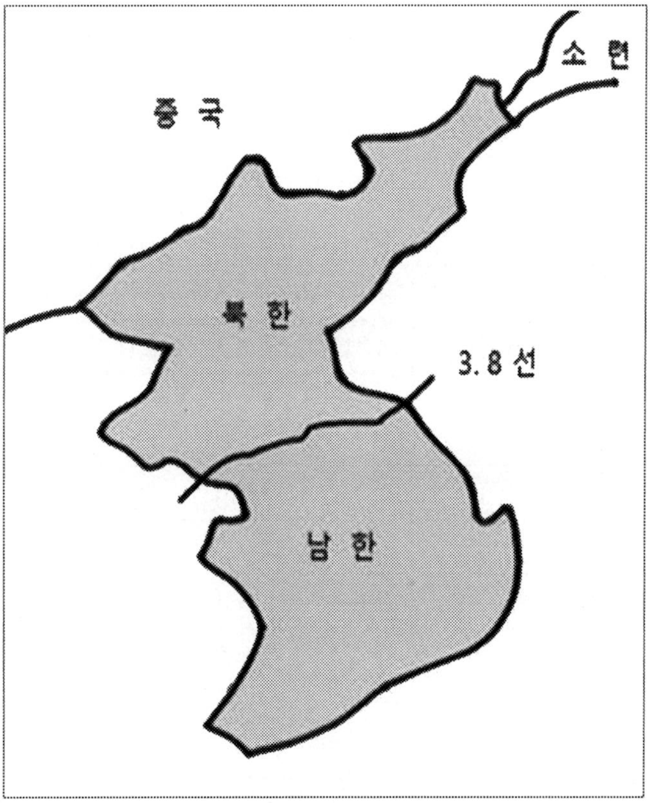

국가	시기	왕명	왕년	내용
대한민국	1945	9.3		광복 조선무용건설준비위원회 조선무용건설본부설립
	1946	6.8		조선무용예술협회 조직, 창립공연
		10		서울발레단 창립 및 창단공연(한동인)
	1947	7		서울발레단 제2회 공연(민족의 피)
	1948	10		서울발레단 제3회 공연(호두까기인형)
	1949			서울발레단 제4회 공연(장미의 정)
	1950			6.25전쟁으로 제5회 공연 인어공주 공연되지 못함
	1951			김백봉 월남 한국무용단 조직
	1953	11		송범 작품 발표 – 항거, 수평선
	1954	8		해방 9주년 기념 무용발표회
		11.26		김백봉 시공관 공연 – 칼춤, 부채춤, 장구춤 등
	1955	4. 8~10		코리아 발레단 공연(송범 등) – 인도의 연가
		5.26~28		서울발레단 공연 –이인범 등
		6.20		이화여대 주최 전국 여자 중 · 고등학교 무용콩쿨대회 개최 –시공간
	1956	4.12~16		김백봉 제2회 발표회 – 우리 마을 이야기
		6. 15~17		임성남발레단 – 백조의 호수 공연
		7. 3		김천흥 제1회 고전무용발표회 – 시공관
		7. 9		한국무용협회 조직 진수방, 김백봉, 송범, 임성남
		11. 2~6		한국무용협회 창립 제1회 공연 – 비연
	1957	3		한국예술사절단 – 동남아순회공연
	1958	2		제2차 동남아순방공연
		6		임성남발레단 제2회발표회 –호두까기 인형
				제1회 전국민속경연대회 개최

[한국전쟁전후 연표]

1945년 광복을 맞이한 한국 무용계는 조선무용건설위원회 조선무용건설본부를 설립하고 조선무용예술협회를 조직하여 창립함으로서 한국에서의 무용의 발전을 도모하기 시작하였다. 1946년 서울발레단이 창립되면서 최초의 발레단 공연이 이루어졌는데 한동인을 통해 서울발레단 창립 창단공연이 이루어졌다.

1951년 1.4 후퇴 시 최승희와 함께 월북하였던 김백봉이 다시 월남하였다. 이후 개인발표회 등을 통하여 칼춤, 부채춤, 장구춤 등 새로운 민속무용을 제시하였다. 1955년 대학이 주최하는 콩쿨이 이화여자대학교의 주최로 전국 여자 중 · 고등학교 무용콩쿨대회가 시공간에서 시작되었다. 1946년 조선무용예술협회가 조직되었으나 창립공연이후 무용가들의 빈곤과 섭외의 어려움, 욕구불만과 역량부족, 공동체의식과 연대가 부족 등 무엇보다도 조택원이 1942년 일본총독부의 지원을 받아 공연한 부여회상곡 공연으로 인하여 친일 문제가 생기면서 협회의 구실을 하지 못하였다. 이후, 1954년 한국무용예술인협회가 김해랑이 회장직을 맡으며 설립이 되었으나 2년만인 1956년 진수방, 김백봉, 송범, 임성남이 탈퇴하여 한국무용가협회를 조직하였다.

1956년 김천흥이 시공관에서 제1회 고전무용발표회를 진행하였으며 같은 해 한동인과 송범 이후 임성남발레단이 조직되어 공연을 펼쳐왔다. 발레라는 서양무용 뿐 아니라 1958년에는 제1회 전국민속경연대회가 개최되면서 지속적인 무용문화 발전을 도모해 갔다.

07

2000년대 이전

〈오늘날의 지도〉

국가	시기	왕명	왕년	내용
대한민국	1959	5		김백봉 제4회 발표회 – 원각사 김천흥 무용극 –처용랑
	1959			한국무용협회 창립 – 회장 진수방 선임
	1961			한국무용협회 사단법인 발족 – 이사장 조택원
	1962	2		국립국악원 무용단 창단 국립무용단 창단 – 초대단장 임성남
		3. 21		국립무용단 제 1 회 공연
				한국 연예 연감(성영문화사) – '신무용' 이라는 단어가 최초로 활자화 됨
	1963			이화여자대학교 무용과 창설
	1968			무용한국 발간
	1969	12		사단법인 한국민속무용단 창설
	1970			민속예술단 EXPO 파견 무용협회 주최 신인무용발표회 폐지
	1971			민속예술단 유럽파견
	1972			국립발레단 창설
	1973			국립극장 명동에서 장충동으로 이전 홍신자 귀국 공연 – 제례 : 즉흥무용발표 부산시립무용단 창단 한국예술문화진흥원 설립
		10.18		정부 '문예진흥선언' 공표
	1974	6. 12		서울시립무용단 창단 – 초대단장 문일지 국립극장에서 창작무용 공연 대한무용학회 창립
	1975			컨템포러리 댄스그룹 창단
	1976			창무회 결성 문일지 처용설화 공연 광주시립무용단 창단
	1977	12.1		배정혜무용공연

국가	시기	왕명	왕년	내용
대한민국	1978			무용협회 주최 신인무용발표회 부활
	1979	10.1~31		제1회 대한민국무용제 개최
	1980			발레협회 창립 – 초대 이사장 임성남 한국현대무용협회 창립 – 초대 이사장 육완순 목포시립무용단 창단
	1981			대구시립무용단 창단 인천시립무용단 창단 아르코예술극장 개관
	1982			문일지 한국무용아카데미 창단
	1983			전주대사습놀이 개최
	1984			전북도립국악원 창단 유니버셜 발레단 창단 창원시립무용단 창단
	1985			남북한 예술 교류 동숭동 대학로 문화의 거리, 종묘 시민광장의 놀이마당 개설 – 거리공연시작
	1986			서울예술단 창단 아시안 게임 송수남 창작무용공연 정재만의 춤 공연
	1987			무용저널 창간
	1988			88서울올림픽 개최 국수호 서울국제무용제 시연회 예술의 전당 개관
	1989			구미시립무용단 창단
	1990			북경아시안 게임 초정(홍신자 –2001, 김영희 – 어디만치 왔니) 국립무용단 국립극장 40돌 기념 공연
	1992			춤의 해 지정
	1995			정동극장 개관 및 무용단 창단 서울발레시어터 창단 청주시립무용단 창단
	1996			한국예술종합학교 무용원 설립
	1998			SIDance 89 기획공연 (유네스코 국제무용협회 한국본부 설치기념) 익산시립무용단 창단
	1999			탈장르공연 – 국립무용단 : 자연인(이정희) – 서울예술단 : 찬기파란가(안애순)

[2000년대 이전 연표]

1954년과 1956년 설립된 한국무용예술인협회와 한국무용가협회가 1959년 초대 진수방을 선임함으로 한국무용협회라는 하나의 단체로 조직하였다. 이후 2년 뒤인 1961년 사단법인으로 발족하며 조택원을 이사장으로 하였다. 1962년 국립국악원 및 국립무용단이 창단되었으며 1969년 한국민속무용단이 창설되었고 이후 해외로도 많은 민속예술단들이 파견되었으며, 1970년에는 무용협회가 주최하는 신인무용발표회가 폐지되었다.

1962년 '신무용'이라는 단어를 한국연예연감(성영문화사)에서 처음 사용하기 시작하였다. 1968년에는 우리나라의 첫 무용매거진인 무용한국(구자운)이 발간되었다. 학문적으로는 1963년 우리나라 최초로 이화여자대학교에 무용과가 창설되었으며 1974년 대한무용학회가 창립되었다. 무엇보다도 1996년 한국예술종합학교 무용원이 설립되면서 전통과 창작, 이론과 실기에 대한 균형과 깊이를 추구할 수 있는 방향을 제시하고 있다.

1972년 국립발레단이 창설되었고, 우리나라 최초의 시립무용단인 부산시립무용단(초대단장 황무봉)이 1973년, 서울시립무용단이 1974년 문일지를 초대단장으로 창단되었다. 이후, 1976년 창무회가 결성되고 또 다양한 무용단들이 결성되면서 문일지의 처용설화를 비롯한 많은 창작무용과 창작무용극이 다양한 실험정신과 도전정신으로 한국창작무용의 기틀을 마련하게 되었다.

1978년에는 폐지되었던 무용협회 주최의 신인무용발표회가 부활되었으며 1979년 무용의 예술적 지위를 타 예술분야와 동등하게 향상시키기 위해 대한민국무용제가 열리게 되었다. 대한민국무용제는 장르의 제한은 없지만 반드시 출품작은 창작무용이어야 했다고 한다. 이후 1982년 첫 아카데미라 할 수 있는 문일지 한국무용아카데미가 창단되었다.

1988년 서울올림픽과 1990년 북경아시안게임 등 국위선양을 위한 활동과 이를 통한 발전을 모색하기 위해 1992년 춤의 해가 지정이 되었으며 점차적으로 시 · 도립을 비롯한 지자체들의 무용단들이 창단되기 시작하였으며 무용의 브랜드가치를 만들 수 있는 다양한 목적의 극장들이 설립되었다.

세기말로 접어들면서 예술의 탈장르화 현상이 일어났는데 1999년 공연 된 국립무용단과 서울예술단의 탈장르 공연을 통해서 무용예술의 새로운 활로를 모색하기 시작하였다.

09

2000년대 이후

국가	시기	년/월	내용
대한민국	2000		문화관광부지정 '새로운 예술의 해' 제1회 서울국제즉흥춤축제 개최 울산시립무용단 창단 LG 아트센터 개관
	2001		대전시립무용단 창단 청주시립무용단 창단
	2002		의정부시립무용단 창단
	2004		대전 문화예술의 전당 개관 국립남도국악원무용단 창단 피나 바우쉬 내한공연
	2005		천안시립무용단 창단 제1회 부산국제해변무용제 매튜 본 내한 공연
	2006		예술강사 지원 사업 시작 국립중앙박물관 극장 용 개관 무용전용 M극장 개관
	2007		문화체육관광부 소관의 전문무용수지원센터 설립
	2009		부산국제무용제로 개칭
	2010		국립현대무용단 창단 전주대사습놀이 명고수부 신설(10개 부분 경연)
	2012		세계 춤의 날 기념테마 기획공연으로 커뮤니티 댄스 시행
	2013		문화예술교육사 시행 융、복합공연 – 차진엽: 'Rotten Apple'

[2000년대 이후 연표]

새로운 세기가 시작 된 2000년은 문화관광부가 지정한 새로운 예술의 해로 다양한 예술적 경험과 예술 공연이 준비되었다. 2000년 이후 무용계의 부족한 영역에 대한 연구가 지속되었으며 여가선용을 위해 개인의 투자와 노력이 지속되면서 각 지자체의 무용단 및 공연장 건립 및 민간극장이 개관함으로 양질의 무용문화를 창출하고, 향유할 수 있는 노력이 지속적으로 이루어지고 있다.

무용계 내부에서도 국가적으로 힘든 경제상황 및 취업 등을 고려하여 졸업 후 진로에 대한 다각적인 노력을 기울이고 있으며, 다양한 방식의 다양한 사업을 제시하고 있다.

2006년 예술강사 지원사업이 시작되었으며 2013년에는 문화예술교육사가 시행됨으로 졸업 후 진로에 대한 제도적 방안이 모색이 되고 있다. 또한, 2007년 문화체육관광부 소관의 전문무용수지원센타가 설립됨으로 무용수들의 직업전환을 위한 재교육, 상해예방 및 재활지원 등의 복지 혜택 등에 대해서도 제도를 형성해 가고 있다.

처음 역사가 시작되고 오늘날에 이르기까지 많은 무용인들의 노력과 수고가 있었다. 앞선 무용인들의 수고가 헛되이지 않도록 과거의 역사를 통해 현재를 살아가고 더 발전된 미래의 무용역사를 준비할 수 있어야겠다.

III

의식무용의 이해

01

불교무용

불교무용이란, 재(齋)를 올릴 때 사용되는 모든 춤을 총칭한 것이다.

1) 작법

작법이란, 불교 의식에서 사용되는 무용을 뜻한다. 반주음악은 범패이며 주로, 법당 안에서 일정한 장단이나 리듬이 없이 조용히 추는 춤이다(국악정보/ 네이버지식백과). 범패가 성음 즉, 목소리로 불전에 공양드리는 것이라면, 작법은 신업 즉, 동작으로 공양드린다는 뜻으로 범패에 대응되는 말로 '범무'라고도 한다[29].

가장 규모가 크고 의식이 호화로운 영산재 가운데 식당작법에 대부분이 포함되어 있고 상주권공재 · 영수재 · 각배재 · 생전예수재 중에도 요잡이라 하여 의식 사이사이에 삽입되어 있다[30].

29) 두산백과/ 네이버지식백과
30) 국악정보/ 네이버지식백과

2) 영산재

영산재는 석가모니가 영취산에서 설법하던 영산회상을 상징화한 의식으로 발심하여 귀의하게 함으로 극락왕생한다는 의미를 지닌다. 가장 큰 규모의 재로 3일이 소요되며, 국가의 안녕과 군인들의 무운장구(武運長久) 또는 큰 단체를 위해서, 또는 죽은 자를 위해서도 행한다. 2000년대에 들어서면서, 3일이 아닌 1일 권공 축소하여 베풀어지고 있다. 축소하여 행해지고 있는 영산재의 진행절차는 다음과 같다.(제8회 영산재 팜플렛참조, 1996)

첫째, 의식도량(儀式道場)을 상징화하기 위해 야외에 영산회상도를 내어 괘불이운(掛佛移運)으로 시작하고 둘째, 찬불의식을 갖고 셋째, 괘불은 정면 한가운데 걸고 앞에 불단을 세우는데 불보살을 모시는 상단, 신중을 모시는 중단 영가를 모시는 하단 등 삼단으로 구성되어 있다.

3) 식당작법[31)]

식당작법은 공양규모가 클 때 스님들이 법답게 거행하는 일련의 공양의식으로, 일상적인 공양과는 달리 공양을 할 때 의식문이 범음・범패로 행해진다. 이 때 사물을 비롯하여 각종 법구가 동원되고 법고춤, 바라춤, 나비춤, 타주춤 등의 작법무가 장엄하게 베풀어진다.

식당작법의 특징은 선종의례의 한 형태를 띠는 것으로 발우공양에서 찾아볼 수 있는데, '상구보리하화중생'의 보살도 실천에 대한 서원이 두드러지게 나타나는 것이다. 즉, 밥을 먹는 것도 수행의 일부이며 깨달음의 길이기 때문에, 법공양이라고도 불리는 발우공양은 수행자가 음식을 매개로 중생과 함께 하는 자비실천의 정신이 담긴 식사법이라

31) '영산재'의 미학적 세계와 계송의 의미/ 백원기 10-12page

고 할 수 있다. 또한, 발우공양은 부처님을 회상하면서 그 공덕을 찬탄, 공경, 예배하는 마음과 모든 중생의 노고와 은혜에 감사하는 마음, 자신을 반성하는 마음, 배고픈 모든 중생들과 함께 평등하게 나누겠다는 자비의 마음으로 진행된다. 한 끼의 식사를 위해 엄격한 과정 뿐 아니라 그에 맞는 진정한 구도의 길이 담겨있다. 다른 생명을 죽여 자신의 육신을 보존하거나 식탐을 위해 먹지 않고, 음식에 대하여 성찰하며, 모든 존재가 '인드라 망'으로 엮여져 있음을 깨닫는 것이다. 나아가 식당작법의 게송이 전달하는 중요한 메시지는 부처님에 대한 찬탄과 중생들을 제도하겠다는 것이다. 식당작법은 일반적으로 회발게, 전발게, 십념, 봉발게, 오관게, 생반게, 정식게, 삼시게, 절수게, 수발게, 회향게 등의 순서로 진행된다.

4) 나비춤

나비춤은 착복무(着服舞)라고도 하며, 춤사위가 사뿐사뿐 나비처럼 움직인다는 뜻에서 나비춤이라 이름붙여 졌다. 나비춤에서 중요한 동작은, 양팔을 펴들고 손끝을 작게 나부끼며 가라앉았다가 솟는 요신과, 양쪽 발을 정(丁)자로 하여 꼬아 도는 동작이라 할 수 있다.

천상천하의 모든 신과 만들들 가운데 소생하지 못한 시을 소리로써 불러내어 부처님께 귀의하도록 하기 위한 춤이며 종류는 도량게작법, 다게작법, 사방요신, 정례작법, 향화게작법, 운심게작법, 지옥고작법, 자귀의불작법, 만다라작법, 기경작법, 삼귀의작법, 모란찬작법, 구원겁증작법, 오공양작법, 타주까지 총 15종류이다. 이 중 타주는 식당작법에서만 행해지는 나비춤으로 채를 양팔로 쥐고 지주(支柱) 윗면을 두드리는 동작과 팔 정도 지주 주변을 사뿐사뿐 딛으면서 걸어 돌아가는 동작이 있다.

5) 바라춤

바라춤의 악기는 동(銅)으로 만들어진 것으로, 바라에 무명천으로 된 끈을 양손에 끼워 손잡이로 사용하며, 마주 스쳐가며 소리를 내게하면서 추는 춤이다. 기본동작은 바라를 포개어 올리고 내리는 동작과 한 팔씩 휘돌리는 동작을 좌우로 회전하며 행하는 요잡바라 등이 있다. 또한, 천수바라, 사다라니바라, 명바라, 내림게바라, 관욕쇠바라, 화의재바라, 요잡바라 등의 7가지의 종류가 있다.

6) 법고춤

법고는 대종, 목어, 운판과 함께 불교 사물 중 하나이다. 법고춤은 형태와 의미가 일반무용과 다르기 때문에 무거워야하고 나비춤과 타주춤에 비해 매우 동적이다. 남성춤이므로 팔동작은 커야 하고, 대범하고도 장엄하게 움직여야 한다. 거의 법고 앞에서 행해지는데, 연결동작은 자연스러운 회무(回舞)로 이루어진다. 특히 법고는 세상의 동물들을 구제하기 위해서 추는 것으로 법고춤(주로 법고를 치는 동작이 많음), 홍고춤(복잡한 리듬을 주요내용으로 하는 춤)과 같이 2가지 종류로 나눌 수 있다. 대개는 범패로 반주하며, 부처님께 드리는 몸 공양으로서 타인을 의식하지 않고, 법당 안에서 조용히 추어졌다.

02

제례악

제례악은 제사라는 의식에서 사용된 춤으로, 춤 뿐 아니라 노래 및 악기까지 포함한다.

1) 문묘제례악

중국 주대에서 시작된 것으로 중국의 성현(공자와 맹자)과 우리나라의 성현을 제사할 때 사용된 음악과 춤을 뜻한다. 중국 상고시대에 기원을 둔 음악이지만 중국에서는 이미 사라지고 우리나라에만 남아 있다. 춤은 문무(文舞)와 무무(武舞)로 나눌 수 있다. 문인을 위한 문무(文舞)는 오른손에는 깃을 왼손에는 피리를 들고 춤을 춘다. 무무(武舞)는 무인을 위한 것으로 오른손에는 전투용 도끼, 왼손에는 방패든다.

2) 종묘제례악

종묘 제례는 신라시대부터 행한 기록이 있으나 종묘제례악에 대한 기록은 전하지 않았다. 종묘 제례에 음악을 사용한 이는 고려시대의 숙종(1095-1105) 무렵으로 볼 수 있다. 당시에는 종묘제례에 아악을 사용하기 시작하였으며 고려의 연주전통이 조선으로 전승되었다. 이에 현재 전하는 종묘제례악은 조선의 역대 군왕의 위패를 모시는 제사에서 추어진 춤이다. 무무는 앞줄은 목검, 가운데 줄은 목창, 뒷줄은 궁시를 가지고 춘다. 1463년(세조 9년)에 정대업과 보태평으로 대치하였으며 고취악과 향악으로 창제되었다. 보태평과 정대업이 종묘제례악으로 채택됨으로써 조선시대에는 연주전통이 단절되지 않았으며, 대한민국 수립 이후에도 제례악 교육은 이어졌다. 이후 1964년 종묘제례악이 중요무형문화재 제1호로 지정되었고, 1967년 종묘제례가 중요무형문화재로 지정되었다.

3) 일무

문묘와 종묘 제사에서 추는 춤을 일무(佾舞)라고 하는데, 왕실의 사당인 종묘와 공자의 사당인 문묘의 제향 및 회례연에서 추는 의식무이다. 일(佾)은 춤추는 줄을 의미하며 곧 줄을 지어 춤을 추기에 일무라고 하였다. 모두 4줄로 서는데 이는 신분에 따라 나뉘어지는 것으로 천자(天子)는 팔일(八佾), 제후(諸侯)는 육일(六佾), 대부(大夫)는 사일(四佾), 선비(士)는 이일(二佾)로 구성된다. 앞서 밝힌바와 같이 문덕을 기리기 위한 문무와 무공을 기리기 위한 무무로 나뉘며, 제례 때 일무는 음악과 같이 전체 과정에서 추어지는 것은 아니다. 동작은 대체로 단순해 보인다. 한 자리에 손을 들고 내리며, 몸을 구부렸다 펴거나 혹은 좌우로 돌기도 하는데 끊임없이 반복하고 이러한 동작들은 각각의 상징적 의미체계를 갖는다. 우리나라에서 종묘제례의 일무 인원수를 기록한 문헌은 '고려사', '세조실록악보', '국조오례의', '악학궤범', '종묘의궤', '악서고존' 등이 있다. 우리나라는 천자의 나라가 아닌 제후국에 해당한다고 보았기에 육일무(六佾舞)를 추었으며 고종 때 황제로 신분이 격상되면서 팔일무(八佾舞)를 추었다.

4) 아악

궁중에서 연주하던 양부악의 하나로 우방에 속하는 당악과 향악을 구별하여 좌방에 속하는 음악이다. 시작은 중국 고대의 음악이었으며, 1116년(예종 11)에 송나라에서 유입되었으며, 바로 태묘(太廟) 등의 제례악으로 채택되었고 이후, 지속적으로 궁중에서 사용되었다. 지금은 성균관의 석전에서만 사용되고 있으므로 현존하는 유일한 아악은 문묘제례악이라 할 수 있다.

아악은 궁 · 상 · 각 · 치 · 우 5음을 포함한 변치 · 변궁인 2변음을 곡의 강(綱)으로 삼는다. 아악은 철저히 1자(字), 1음(音), 1박(拍)을 원칙으로 하며, 가사는 4자 1구, 전체 8구로 되어 있으므로 음악 역시 4음이 한 마루로 모두 8마루로 이루어진다.

IV

정재의 이해

정재(呈才)는 광의적인 의미로는 '재주를 보인다'라는 뜻으로 풀이될 수 있으며, 협의적인 의미로는 춤 뿐 아니라 모든 재예를 드린다는 헌기(獻技)의 의미로도 사용되었다. 예를 들면, 음악인들이 정재라는 말을 사용하면 그들에게는 궁중음악의 연주 및 창사가 있었다고 볼 수 있다. 「석보상절(釋譜詳節)」[32]에는 정재가 재주를 남에게 보이는 것이니 놀이하여 남에게 보이는 것을 정재라고 한다고 기록되어 있다. 한국민족문화대백과에서는 궁중에서 여령이나 무동, 지방 관아에서 기녀들이 공연했던 악가무의 종합예술이라고 정의한다.

정재에 대한 기록이 남아 있는 최초의 문헌은 「고려사」 권 71의 악지(樂志)로 당악과 속악에 속하는 악기와 춤과 노래, 동작 진행 과정이 자세히 기록되어 있다.

정재라는 용어는 고려시대부터 사용되었음을 알 수 있는데 이는 고려 말에 간행 된 「목은집」[33]에서 그 기록을 찾을 수 있으며, 조선시대에는 「태조실록」[34]에 처음 정재가 기록되었다.

주로 진연 · 진작 · 진찬 · 사신연 · 기로연 · 양로연 같은 궁중 안의 연향이었으며, 전국적으로 향유되었으며, 지방 관아에서도 활발히 공연되었으나 주로 궁중에서 연향되었다. 궁중연향은 의례의 범주에 포함되었으며 교화정치의 일환이었다. 궁중에서 연향되었기에 화려한 의상과 소품을 사용하였으며 활발한 움직임 보다는 우아한 움직임을 표현하고 그에 맞는 음악이 연주되었다. 춤사위는 장엄하였며 주로 충과 예를 표현하면서 오행 사상의 영향으로 동양적 색채 즉 오방색[35]을 사용한 의상이나 소품을 착복하고, 사용하였다.

정재는 「악학궤범(樂學軌範)」[36] 권 3에 정재종목이 수록되어 있는데 당악정재와 향악정재로 나뉘어져 있다. 당악정재는 송나라 교방악 계통이며 향악정재는 우리나라에서

---

32) 1447년 조선 세종 대 수양대군이 왕명으로 석가의 일대기를 찬술한 불경언해서이며, 석가모니와 주요 설법을 한글로 번역하여 편찬한 최초의 책

33) 이색(1328~1396)의 시문집, 고려 말 ~ 조선 초의 학자이자 정치가

34) 1395년(태조 4년) 10월 5일

35) 청색(동쪽-봄-인), 적색(남쪽-여름-예), 황색(중앙-신), 백색(서쪽-가을-의), 흑색(북쪽-겨울-지)

36) 1493년 성종 23년에 왕명에 따라 제작된 9권 3책의 악전(樂典)

전래한 것으로 구분되었다. 그러나 조선 전기까지는 그 구분이 명확했지만 조선 후기부터는 경계가 모호해졌다.

일제강점기로 인하여 정재가 단절되기도 하였으나 1930년 7월 창덕궁에서 마지막 황태자인 영친왕이 일본에서 잠시 귀국하였을 때 이를 기념해 정재가 개최되었다. 1950년대부터 무동 출신인 김천흥을 중심으로 궁중 정재의 재현 작업이 이루어졌으며 현재 대부분의 정재가 재현 되었다. 정재가 오늘날에도 주목 받는 이유는 무용이 종합예술이듯이 정재를 통해서 반주로 사용된 음악을 통해 전통음악을 전승하였다는 것과 의상을 통한 복식과 전통 사상을 그대로 내포하고 있으며, 창사를 통해서 문학 분야에도 중요한 자료를 제공하고 있기 때문이다. 2014년 4월 2일 KBS의 뉴스를 통하여 1931년 일본이 정재에 대한 기록을 남기기 위해 1930년에 개최되었던 정재를 재연하여 촬영한 영상이 공개되었으며 그 영상에는 처용무, 무고, 보상무, 봉래의 등이 기록되어 있다.

정재의 시연 시기 및 종류 등의 자료를 보면 다음과 같다.

한국민속대백과			
		종 류	수
당악정재 당악정재	고려사	헌선도, 수연장, 오양선, 포구락, 연화대, 구장기별기	6
	악학궤범	금척, 수보록, 근천정, 수명명, 하황은, 하성명, 성택, 육화대, 곡파	9
향악정재 향악정재	고려사	무고, 동동, 아박, 무애	3
	악학궤범	보태평, 정대업, 봉래의, 향발, 학무, 학연화대처용무합설, 교방가요, 문덕곡	9
조선 후기 순조 이전	창작 정재	광수무, 검기무, 선유락, 초무, 첨수무,	5
순조대 효명세자 대리청정 순조대 효명세자 대리청정	새로운 정재 등장 효명세자 창사	가인전목단, 경풍도, 만수무, 망선문, 무산향, 박접무, 보상무, 사선무, 연백복지무, 영지무, 장생보연지무, 제수창, 첩승무, 춘대옥촉, 춘앵전, 최화무, 헌천화	17
	창작 향악정재	고구려무, 공막무, 연화무, 춘광호, 침향춘(심향춘), 향령무,	6
헌종대	지방 → 궁중유입	관동무	1

고종대 고종대	선천, 성천 → 궁중유입	항장무, 사자무	2
	교방가요 (1865, 고종2년)	육화대, 연화대 부(附) 학무, 헌선도, 고무, 포구락, 검무, 선악, 항장무, 의암가무, 아박무, 향발무, 황창무, 처용무, 승무	14

[한국민속대백과의 정재기록]

당악정재는 고려시대 공나라의 교방악에서 유래한 궁중무용으로 고려시대 이후 조선시대에 이르기까지 궁중에서 연희되었다. 당악정재에 대한 최초의 기록은 고려사의 악지에 기록되어 있는데 고려사는 1449년부터 1451년까지 약 3년에 걸쳐 김종서, 정인지에 의해 편찬된 139권 75책으로 된 고려시대의 역사서이다. 고려사 악지에 나타난 당악정재는 "헌선도, 수연장, 오양선, 포구락, 연화대" 등 5종목으로 되어 있다. 그러나 기록에 따르면 1073년(문종 27) 을해일에 교방여제자 진경 등의 13인이 연등회에서 「답사행가무」를 사용할 것을 임금에게 허락 받고 교방여제자 초영이 새로 전해온 포구락과 구장기별기를 공연하였다는 것을 통하여 모두 6종목으로 살펴볼 수 있다.

향악정재는 당악정재의 반의어로 우리나라 향악 반주에 맞추어 공연되는 궁중무용을 뜻한다. 고려사 악지에는 향악정재라는 용어가 없으나 향악 항목 아래 정재 종목이 기재되어 있다(한국민족문화대백과 검색). 고려의 향악정재로는 무고, 동동, 무애 등의 3가지 정재가 기록되어 있다.

악학궤범은 조선시대인 1493년(성종 24)에 기록된 악전(樂典)으로 한글로 기록된 가사와 궁중음악은 물론 당악, 향악에 관한 이론 및 제도, 법식을 그림과 함께 설명하였다(http://terms.naver.com). 악학궤범의 1책 권3에 고려사 악지 당악정재와 고려사 악지 속악정재를 설명하였으며 3책 권9에 관복도설과 함께 무동관복도설, 둑복 및 여기복식도설이 수록되어 있다.

정재를 설명할 때 중요한 시점과 인물로서는 순조의 재위부터 익종 때까지를 들 수 있다. 순조의 아들이었던 효명세자는 짧은 생애에 비해 예술에 많은 영향을 끼쳤다. 효명

37) 선악(船樂) 19세기 후반 진주교방에서 공연된 교방춤의 한 종목, 현행 선유락의 다른 이름.

세자는 궁중의 큰 행사들을 직접 관장하였으며 특히 정재무를 다수 창작하였는데 오늘날 알려진 대표적인 정재로는 춘앵전이 있다.

고려사 악지가 1451년, 악학궤범이 1493년에 편찬되고 약 370여년 후인 1865년(고종 2년)에 박원, 정현석에 의해 지방 교방에서 연행되었던 춤과 노래의 종류, 순서, 가사를 엮어 기록한 교방가요가 편찬되었다. 교방가요는 크게 노래와 춤으로 구성되어 있으며, 가곡, 가사, 시조 등과 같은 노래가사와 악기에 대한 내용은 전반부에, 육화대, 연화대, 헌선도 등의 도설과 순서 등, 무용에 대한 내용은 후반부에 기록하였다. 무용 기록 순서는 무-육화대-연화대 부 학무-헌선도-고무-포구락-검무-선악-항장무-의암가무-아박무-향발무-황창무-처용무-승무 순서이다. 그러나 교방가요는 실제 수록된 내용과 목차가 일치하지 않으며, 책은 중간에 추가로 기록하기 위한 공백이 있어 완성본이 아닌 것으로 추측되고 있다(한국민속대백과사전, http://terms.naver).

무용인들에게 보편적으로 알려진 정재의 기본을 춘앵전과 처용무라 할 수 있다. 이는 대체적으로 무용인들이 처음 정재를 배울 때 여성은 춘앵전, 남성은 처용무를 배우게 되기 때문이며 다른 정재들에 비해 공연의 비율 역시 높기 때문이다. 이에 춘앵전과 처용무에 대해 먼저 살펴보고자 한다.

춘앵전은 조선 순조 때 효명세자가 자신의 어머니인 순원숙황후의 40세 탄신을 축하하기 위해 창작한 정재이다. 효명세자는 봄날 버드나무 가지에 앉아 지저귀는 꾀꼬리 소리를 듣고 상장화하여 무용으로 창작한 것이다.

화문석 위에서만 추어지고, 의상은 꾀꼬리를 상장한 노란색 앵삼을 입고, 화관을 쓰고, 오색 한삼을 양손에 끼고 독무로 추어지는 정재이다. 독작으로는 비리, 잡잡고, 타원앙장, 화전태, 낙화유수, 여의풍, 비금사 회파신, 과교선, 연귀소 등이 있다. 음악은 평조회상, 무산향 등을 사용한다.

처용무는 2009년에 유네스코 인류무형문화유산에 등재되었으며 신라시대의 제 49대 왕인 헌강왕의 이야기에 그 기원을 두고 있다. 동해 용왕의 아들인 처용이 사람의 형상을 하고 노래를 부르고 춤을 추며 천연두를 옮기는 역신으로부터 인간 아내를 구해냈다는 설화를 바탕으로 한다.

동서남북과 중앙으로 오방(五方)을 상징하는데 흰색, 파란색, 검은색, 붉은색, 노란색의 오색의상을 입은 5명의 남자들이 추는 춤이다. 문헌에 따르면 처음에는 1인무로 추어졌다가 5인 처용무로 확대되었으며 악학궤범에는 학춤, 연화대무, 처용무가 합쳐진 학연화대처용무합설이 기록되어 있다.

팔죽색에 하얀 치아가 보이는 신인(神人) 탈을 쓰고, 납 구슬 목걸이에 주석 귀고리를 하고 검은색 사모를 쓴다. 사모 위에는 모란 2송이와 복숭아 열매 7개를 꽂는데 이는 악귀를 몰아내고 상서로운 기운을 맞이하는 벽사진경(僻邪進慶)의 뜻을 담는다.

이상의 춘앵전과 처용무의 내용을 살펴보았으며, 당악정재와 향악정재의 종류 및 의무, 동작 등에 대해 살펴보고자 한다.

01

정재의 종류

1) 당악정재

당악정재는 고려시대에 송나라의 교방악에서 유래된 궁중무용을 일컫는다. 당악정재는 반드시 죽간자, 구호, 치어가 수반되며 한문가사를 노래한다. 무대 좌우에 의장대가 도열하고 위의를 갖춘다. 조선 후기에 이르러서는 향악정재에서도 당악을 이용하거나 춤사위도 구별이 잘 되지 않아 향악정재와 구별하는 것이 미약해졌다. 이후, 당악정재로 창작된 무용은 사실상 향악정재라고 할 수 있을 정도로 변모하였다.

(1) 헌선도

고려시대 당악정재에 속하는 궁중 무용 중 하나로 왕모가 하늘에서 내려와 왕에게 선도를 준다는 내용으로 되어 있다. 헌선도는 죽간자 두 사람과 5~6명의 무기라 주악에 맞추어 춤을 추며 그 내용은 임금의 만수무강을 기원한다.

(2) 수연장

군왕이 음주할 때 부르던 중강을 가무희 형식으로 확대시킨 것으로 군왕의 수를 축원하는 춤이라고 할 수 있다. 음악이 '장춘불로지곡(長春不老之曲)'을 연구하면 죽간자가 족도하고 나가서 구호를 부른다. 죽간자가 물러나면 좌우협무 8인이 4대로 나누어 한쪽 팔을 들고 미전사(尾前詞), 미후사(尾後詞)를 노래한다. 이후 음악이 '함녕지곡(咸寧之

曲)'으로 바뀌면 무원들이 여러 대열의 모양을 만들어 춤을 춘다. 도중에 전 · 후가 함께 '청춘옥전화풍세(青春玉殿和風細) 주소소절역(殿宇深深日正長)'의 구호를 끝으로 마친다.

(3) 오양선

군왕을 송축하는 것으로 왕모 1명, 협무 4명으로 구성된다. 「태평환우기」에 전하는 중고 고사에 따르면 5명의 신선이 오색의 양을 타고 한 줄기에 여섯 개의 이삭을 가진 육수거를 효성이 지극한 백성에게 주었다고 되어 있는데 고려사 악지에 나오는 오양선의 정재 입대치어와 보허자령에 맞추어 부르는 창사에서 그 내용이 나타난다.

(4) 포구락

송나라에서 전해진 정재로 교방여제자 초영에 의해 전래되었다. 포구락은 포구문을 가운데에 놓고 편을 갈라 노래하고 춤을 추며 차례로 공을 던지는 것으로 구멍에 넣으면 봉화가 상으로 꽃을 주고, 넣지 못하면 봉필이 벌로 붓에 먹을 찍어 얼굴에 묵점을 찍어 주는 놀이이다. 즉, 전대 12인이 포구문 좌우로 나아가고 전대 2인이 꿇어앉아 채구를 잡고 일어서 창사한 다음 진퇴하여 풍류안에 던져 넣으면 북향 염수하고 엎드렸다가 꽃을 받아 물러난다. 혹 넣지 못하면 염수하고 오른쪽 볼에 묵점이 찍힌다. 2인씩 지속하여 놀이를 진행한 후 죽간자가 앞으로 나가서 구호하고 12인이 모두 춤을 추면 악사가 포구문을 거느리고 퇴장한다.

(5) 연화대

중국 자지지방에서 나온 춤이라 하여 자지무(柘枝舞)라고도 한다. 봉래에서 내려온 두 동녀가 연꽃술로 태어났다가 군왕의 덕화에 감격하여 가무로써 그 은혜를 보답하는 내용으로 의복과 모자를 조촐하게 차린 두 동녀가 모자에는 금령을 달아 장단에 맞추어 움직이면 소리가 나게 하였다. 이후에 두 개의 연꽃 속에 감추어진 동녀를 꽃이 터진 뒤에야 보이게 하는 것이다. 고려사 악지와 악학궤범에서는 동녀가 2명으로 되어 있으나 순조 무자 진작의궤에서는 6명으로, 순조 기축 진찬의궤에는 4명으로 되어 있다. 반주음악은 조선 성종 때 까지는 당악만을 사용하였으나 조선 말기에는 향악화 된 보허자령을 사용하였으며 여기 복식과 무동 복식이 각각 다르다.

(6) 구장기별기

당나라에서 유행하였던 춤으로 고려 문종 때 교방여제자인 초영에 의해 송나라에서 전래되었다. 10명의 제자를 두고 전수하였으며 팔관회에 채택되어 조선시대까지 전승되었다.

(7) 금척

1393년 관습도감 전도전이 만든 춤으로 몽금척 혹은 금척무라고도 한다. 태조가 왕이 되기 전 하늘에서 금척을 받든 신인이 내려와 금척을 주고 곧 왕위에 오른다는 것을 알려준 꿈을 무용화하였다. 족자를 든 1명, 죽간자 2명, 금척을 받든 사람 1인, 황개 1인, 그 외 12인등 모두 17명으로 구성되었으며 구호, 치어, 창사 등의 당악정재 형식에 맞춰, 오운개서조인자, 최자령, 금척령, 소포구락령등의 음악에 맞춰 절화무, 회무, 협수무 등의 동작이 연출되었다.

(8) 수보록

1393년 태조 2년 정도전이 지은 악장에 정재가 더해진 것으로 24명의 여기가 주악에 맞추어 춤을 추었다. 수보록은 태조가 잠저에 있을 때 지리산 석벽에서 이상한 글을 얻었다는 것이 주된 내용이다.

(9) 근천정

태종 2년 영사평부사 하륜이 수명명과 함께 악장을 지어 올렸고, 이를 관현에 올려 연향악으로 사용하였다. 그 내용은 태종이 잠저 때 중국 조정에 들어가 천자의 군례를 받고 돌아오니 나라의 노유가 모두 기뻐하였다는 내용이다. 반주음악은 오운개서조인자,

최자령, 금전악령, 중강령 등 당악곡을 사용하였고 구성인원은 인인장 21명, 죽간자 2명, 족자 1명이 늘어서고 가운데에 선모 1명, 협무 2명이 춤을 추었다. 죽간자 2명이 먼저 구호를 부르면, 선모와 협무가 족도하며 나갔다가 물러나고 선무가 치어를 하였다. 치어나 끝나면 선모와 협무 두 사람이 든 근천정사를 금정악령의 악절에 따라 부르고 끝나면 선모와 협무의 춤이 본격적으로 시작된다. 이후 춤이 끝날 때쯤 죽간자 2인은 족자 좌우에서 구호를 올린 다음 족자와 죽간자를 든 사람이 물러나고 선모와 협무가 춤추며 퇴장하는 것으로 마친다.

(10) 수명명

1402년 하륜이 지은 악장을 무용화한 것으로 근천정과 함께 회례연, 동지, 정조, 양로연 등에 쓰였으나 조선 후기부터는 전해지지 않았다. 족자 1명과 선모 1명, 죽간자 2명, 좌우 협무 8명으로 구성되며, 회팔선이 울리면 족자를 든 사람과 죽간자를 든 사람이 등장하여 구호를 부르고, 끝나면 선모와 좌우 협무 8명이 빙빙 돌며 춤추다가 치어한다. 치어가 끝나면 보허자를 연주하여 선모와 8명이 손을 여미고 노래를 부른다. 노래가 끝나면 선모, 협무들이 여러 모양으로 춤추다가 죽간자 두 사람이 앞으로 나가 구호를 부르며 마친다.

(11) 하황은

세종 1년인 1419년 변계량이 태종의 명에 따라 만든 춤으로 태종이 국가를 권섭하고 천명으로 나라를 다스리게 된 기쁨을 표현하는 내용이다. 무원은 죽간자 2명, 족자 1명, 선모 1명, 좌우협무 6명으로 구성되며, 당악정재의 절차를 따라 추었으며, 절차 중 선모와 좌우협무 6명은 하화은사를 부른다.

(12) 하성명

태종 대 시작된 성명을 경축하는 춤으로 세종 12년에 변계량이 지어 올렸으며 주로 사신을 맞이할 때 연주되었다. 조선의 창업을 칭송하고 태종의 공덕을 무용화 한 것으로 족자를 걸어놓고 연출하였다. 죽간자(竹竿子) 2인, 족자(簇子) 1인, 홍무(紅舞) 4인, 남무(藍舞) 4인, 녹무(綠舞) 4인, 봉위의(奉威儀) 18인, 개(蓋)4인으로 구성되며, 악학궤범에 초입배열도(初入排列圖), 작대도(作隊圖), 무진도(舞進圖)를 보이고 있다. 1420년(세종 2) 4월에 태평관에서 중국 사신이, 하성명가의 족자를 보고 전사(傳寫)해 줄 것을 청했다고 한다.

(13) 성택

태종 때, 주로 중국 사신을 위로하는 잔치에 상연되었던 것으로 임금의 은택을 찬양하기 위한 정재였다. 왕화가 사방, 사우에 고루 처져있음을 형상화 한 것으로 죽간자 2인, 족자 1인, 선모 1인 협무 8인, 봉위의 18인, 개 3인으로 구성되어 있다.

(14) 육화대

악학궤범에만 전하고 고려사 악지에는 전하지 않는 것으로 세종 이후 당과 송의 꽃을 주제로 한 화무(花舞)를 상상하면서 재구성 된 것으로 보인다. 동에는 홍의 3인, 서에는 남의 3인으로 갈라서 일념시, 이념시, 삼념시를 번갈아가며 부른다. 죽간자 2인과 화심인 치어인, 육화 및 봉위의 18인 개 4인으로 구성된다.

(15) 곡파

송의 대곡의 하나인 석노교(惜奴嬌)곡파의 일무이다. 1425년(세종 7년) 9월 계축조에 의하면 곡파 정재는 오래 쓰이지 않아 거의 없어질 위기에 놓여 있었던 것을 재연한 것으로 보고 있다. 죽간자 2인과 무원 2인으로 구성된다.

2) 향악정재

당악정재의 대칭적 의미로 당악정재처럼 격식을 갖추지 않고 음악이 울리면 죽간자의 인도 없이 바로 무대로 나아가 엎드려 절하고 일어나서 춤을 춘다.

구호와 치어가 없으며, 우리나라 말로 된 가사를 부르고 다시 춤추다가 끝날 때 엎드려 절하고 일어나서 퇴장한다.

조선 후기에는 배면복의 형식이 흐려졌고, 가사 역시 한시를 부르기도 하였으며, 당악 정재와 구별할 수 있는 특징이 약화되었다.

(1) 무고

고려 충렬왕(1274~1308)때 시중 이혼이 영해(현재의 경북 영덕군 영해면)에 유배되었을 때 바닷가에서 물에 뜬 뗏목을 얻어 그것으로 큰 북을 만들고 이름을 무고라고 하였는데 이 무고를 두드리면서 추는 춤 역시 무고라고 하였다. 무고 하나를 중앙에 놓고 여러 여기들이 정읍사를 창하고, 여기 두 명이 춤추는 것으로 구성되어 있다.

(2) 동동

1449년(세종 31) 10월까지도 동동정재로 적고 있으나 악학궤범의 시용향악정재도의는 아박으로 이름이 전해지고 있다. 여기 두명이 아박을 들고 추는 춤으로 동동이라는 이름은 춤 출 때 동동사와 '아으 동동다리'를 부르는 것에서 이름을 딴 것으로 보인다.

(3) 아박

아박은 상아를 깎아 만든 여섯 개의 판으로 된 아박을 치면서 추는 춤이다. 1449년(세종 31)년까지는 이 춤을 동동정재로 기재하고 있으며 이후 악학궤범에는 아박으로 이름이 바뀌었다. 고려사 악지 속악정재의 동동도 여기 두명이 아박을 들고 추는 춤이라고 기록하고 있다. 창사는 동동사를 노래하며, 동동은 원래 가사에서 지은 것이고 아박의 이름은 그 무구에서 붙여진 것이다.

(4) 무애

신라 말기 원효대사가 창제한 춤으로 원효가 계(戒)를 잃고 설총을 낳은 뒤로 법복을 벗고 속복으로 갈아입은 후 스스로 소성거사라 칭하였으며, 우연히 광대가 춤 출 때 가지고 희롱하던 큰 박을 하나 얻었는데, 그 형상을 본 따서 같은 물건을 만들고 화엄경의 '일체무애인 일도출생사'의 무애를 따다가 박의 이름을 짓고, 무애가를 지어 춤추고 노래하며 각 마을을 다녔다고 한다. 원효대사의 이러한 행위들로 아이들까지 모두 부처의 법을 알고 조금의 염불이라도 할 줄 알게 되었는데 이것이 불교의 포교의 한 수단으로 전해지고 있다.

(5) 보태평

문덕을 찬양한 내용으로 세종대왕이 고취악과 향악을 바탕에 두고 창제한 정재로 춤을 보태평지무, 음악을 보태평지악이라고 하였으며 일반적으로 모두 보태평이라고 하였다. 희문, 기명, 귀인, 형가, 집녕, 융화, 현미, 용광정명, 중과, 대유, 역성의 11곡으로 구성된다.

세종 29년 세종이 정대업과 함께 직접 창안하여 주로 회례연(정조와 동지에 군신이 모여 베푸는 잔치)에서 연희되었으며 종묘제례악으로 사용되는 동시에 상당 기간을 회례연 등의 연향에서도 사용하였다.

(6) 정대업

무무(武舞)로서 세종대왕이 고취악과 향악에 바탕을 두고 창제한 정재이다. 춤을 정대업지무라고 하고 음악을 정대업지악이라고 하였다. 처음에는 모두 15곡이었으나 세조 9년 최항에게 명하여 11곡으로 줄이게 되었다. 보태평과 함께 종묘제례악으로 채택되었다.

(7) 봉래의

세종이 태조의 창업과 공덕을 경송하기 위해 1445년(세종 27) 권제, 정인지, 안지 등에게 지어 올리게 한 용비어천가를 대악으로 구성한 정재이다. 한문으로 된 용비어천가와 국한문으로 된 용비어천가를 노래한다. 죽간자 2인, 봉위의 18인, 개 4인을 세우고, 무원

8인으로 구성되며, 12인이 각각 악기를 들고 있다. 봉래의의 음악은 세종실록 악보에 수록되어 있으며 전인자, 진구호, 여민락, 치화평, 취풍형, 후인자, 퇴구호 등으로 이루어져 있다.

(8) 향발

고려시대부터 내려오는 춤으로 나이 어린 여기 8명(혹은 2, 4, 6, 8, 10, 12명으로도 이루어짐)이 향발이라는 작은 타악기를 두 손의 모지와 장지에 붙들어 매고, 장단에 맞추어 두 세 번씩 엇바꾸어 치면서 대무, 배무하는 정재이며, 오양선의 창사를 쓰고 있는 점이 특기할 사항이다.

(9) 학무

고려시대부터 전하는 정재로 무용수가 각각 청학과 백학의 탈을 쓰고 추는 춤이다. 청학과 배각이 지당판 앞에서 구부리어 쪼는 시늉을 하고, 머리를 들어 주둥이를 치고, 주둥이로 땅을 씻는 시늉을 하는 학의 모습을 춤추다가 주둥이로 지당판 위의 연통을 쪼아 연통이 열리면서 그 안에서 두 동녀가 나오면서 두 학이 놀라 뛰면서 물러나는 내용이다. 조선말기 '각정재무도홀기'에는 청학과 황학으로 바뀌었으나 무보는 같다.

(10) 학연화대처용무합설

12월 그믐달 하루전에 행하면 나례 때 추던 의식절차로 학무, 연화대, 처용무를 종합적으로 구성하여 추는 정재이다. 전도에 처용무를 먼저 추고, 후도에 청학과 백학이 나와서 춤을 추다가 연꽃을 쪼아 두 동녀가 나오면 두 학이 놀라 나가고, 연화대를 춘 후에 다시 처용무를 춘다.

(11) 교방가요

하나의 독립된 정재라기보다는 임금의 대가로 행로에서 가요를 올릴 때 학무와 연화대 정재 등을 올리어 즐겁게 하는 것이다. 대로나 행로에서 침향산이라는 절, 탑, 불상,

미륵상 등을 새겨 넣은 산봉우리와 그 앞에 난간이 있는 지당판에 큰 연꽃 두 개를 꽂은 꽃병과 큰 연통을 좌우에 설치하고 바닥에는 바퀴를 네 개 달아 끌고 다니게 하고, 그 앞에는 여기 백명이 침향산 좌우에 늘어선다. 연꽃 두 개와 연통 두 개를 놓는 것은 학무와 연화대 때문인 듯 하다.

(12) 문덕곡

1393년 (태조 2) 정도전이 태조의 문덕과 무공을 치적(治績)으로 찬미하기 위해 무공곡과 더불어 지어 올린 것이다. 다섯사람이 나아가 치어가 끝나면 문덕곡을 부르고 개언노장을 노래하며, 주악에 맞추어 여기 4명이 북쪽을 향하여 염수하고 족도하며 보공신장, 정경계장, 정례악장을 차례대로 노래한 다음 악절을 쫓아 끝을 여민다. 향악정재이지만 음악은 당악인 소포구락령을 사용하였다.

(13) 광수무

고려 때 궁중에서 이루어졌던 정재로 소매가 넓은 옷을 입고 2명의 무원이 풍경곡에 맞추어 추었다. 숙종 이후 1901년까지 계속해서 상연되었다. 숙종기해 진연의궤에서는 경현당에서 진연을 베풀 때 제 1작에서 제 7작을 올리는 동안 음악과 춤이 연출되는데 3작에서부터 춤을 연출하였으며 순조기축 진찬의궤에서는 원무 2명에 협무 20명으로 추어졌음이 기록되어 있다.

(14) 검기무

전쟁무용과 수렵무용의 영향을 받은 검기무는 검무, 칼춤이라고도 한다. 원래는 민간에서 가면무로 행하던 것인데 조선 순조 때 궁중정재로 채택되었고 궁중연희가 된 이후, 가면이 없어졌다. 신라시대에는 황창을 기리기 위하여 황창 모습의 가면을 쓰고 검무를 추기 시작한 것에서 유래하였다. 조선왕조에 이르러 가면을 쓰지 않고, 여성 무용수에 의해 유연한 춤사위로 공막무(여자들을 위주로 한 잔치에서 여기들이 주로 추었음), 첨수무(외연으로 남자들만이 주로 모이는 연회)라는 이름으로 궁중연례에 자주 연행되었다. 각 지방에 따라 그 지방의 명칭을 딴 여러 종류의 검무가 전해지고 있다.

(15) 선유락

발생연대와 제작자는 미상이나 신라시대부터 유래되었다. 순조 기축 진찬의궤 이후 고종 신축 진연의궤에 이르기까지 궁중에 큰 잔치가 있을 때마다 징, 북, 호적, 자바라, 나발로 구성되는 내취수의 명단이 있으며, 선유락을 상연하기 위한 대령악인이 있었다.

(16) 초무

숙종 45년 향악정재로 창작되었으며, 독립된 하나의 춤이라기 보다 다른 춤을 시작하기 전 추는 서무의 역할을 하였다. 창사 없이 '태평춘지곡(太平春之曲)'에 맞추어 추는 정재로 두 명의 무용수가 발을 구르며 북쪽을 향해 나가 섰다가 북소리에 따라 두 손을 번갈아 가꾸어 이마에 대면서 춤을 추고, 손을 여미고 발구르는 동작을 하며 물러나는 춤이다.

(17) 첨수무

영조 때 창작된 정재로 궁중의 외연에서만 쓰였으며 검무를 추기 전 서무의 형식으로 사용되었다. 연귀소와 연풍대 순으로 추었으며 손바닥만 뒤집으면서 추는 춤이었으며 엽무라고도 하였다.

(18) 가인전목단

순조 때 예재로 쓰였다고 기록되어 있으며 궁중무용이자 순조 때 세자가 송나라의 모란꺽기춤을 본 따서 새로 창작한 춤이다. 모란꺽기춤이란 모란 꽃가지와 한삼자락을 날리며 추는 민간무용이었다. 8명 혹은 12명의 무용수들이 모란꽃을 꺽어 들고 즐기는 춤으로 모란꽃의 항아리 주위에 원을 그리며 춤을 추고 상배무에서 상대무로 추다가 꽃을 희롱하는데 '함령지곡(咸寧之曲)'에 맞추어 창사를 부른다. 어깨를 맞대기도 하고 처음 대열로 돌아가서 춤을 추고 물러나면 춤이 끝난다.

(19) 경풍도

순조 28년에 창작된 춤으로 풍년을 경축하는 정재이다. 민간에서 시작되어 궁중무용으로 도입된 춤이며 다른 정재와 형식은 같다. 다섯 명의 무용수가 풍년 노래를 부른 다음 선모와 무용수가 춤을 추며 마지막 단락에서 선모 뒤에 다섯 명의 무용수가 상대무를 하고 나왔다 들어갔다하면 춤을 추고 선모를 중앙에 두고 원을 돌며 춤을 춘다. 다시 처음 대열로 돌아가 손을 여미면서 발구름 동작으로 물러나면 끝이 난다.

(20) 만수무

순조 때의 정재로 족자 일인과 원무 오인으로 구성된 향악이다. 내용은 봉건 왕조의 만수무강을 축하하는 정재이며 헌선도를 모방한 정재이기도 하다. 족자 1인이 앞으로 나가면 창사를 하고, 창사가 끝나면 선모와 무용수들이 손을 흔들면서 발을 구른다.

(21) 망선문

순조 연간에 제작된 춤으로 순조 28년 진작에 예제의 창사로 기록되어 있다. 봉작선(鳳雀扇) 4인, 집당무(執擡舞) 2인으로 구성되었다. 음악은 향당 교주에 따라 봉작선 3인에 이어 집당 2인이 나가면 작선이 곧바로 문을 지어 상대무, 상배무, 좌선무(左旋舞), 우선무(右旋舞)등을 되풀이한다.

(22) 무산향

순조 28년 예조로 쓰이던 창작된 향악정재이다. 대모반 위에서 이루어지는 독무이며 무동만 출 수 있었다. 춘앵전과 비슷한 형식이고 손을 여미고 발을 굴러 대모반 중앙에 서면 창사를 한다. 창사가 끝나면 뿌리치며 춤을 추거나 회선, 족도 등 다른 정재무와 같은 형식을 지닌다.

(23) 박접무

순조 연간에 제작된 정재로 1828년(동왕 28년) 진작의궤에 박접무의 무복에 대한 기록이 되어 있으나 확실한 연대와 창작자는 알려지지 않았다. 6명의 무용수가 반주곡인 '함녕지곡', '만정방'에 맞추어 춘다. 무복에는 범나비가 그려져 있으며 내용 역시 범나비의 형상을 주제로 했다. 6명의 무용수가 상대무를 하고 돌기도 하며 남쪽과 북쪽을 향하여 춤추고, 줄을 지어서 춤을 추다가 상대무로 다시 추는 것이다. 북쪽을 향해 춤을 추다가 손을 여미고 물러나면 춤도 끝난다.

(24) 보상무

순조 때 창작된 향악정재이다. 보상무는 보상반이라는 둥근 상 옆에 꽃을 받들어 쥔 무녀와 글발을 받는 무녀 둘이 보상을 향해 마주서며, 춤을 추는 무녀들은 세 줄로 나누어 춤을 추는 것이다. 포구락과 같은 춤의 절차를 갖는다.

(25) 사선무

순조 때 상연된 향악정재로 영랑(永郎), 안상(安祥), 남석행(南石行), 술랑(述郎)이 조선의 수려한 산수를 다니며 놀다가 창작한 것으로 금강산의 무선대에서 취무하였다는 전설에 근거로 창작하였으며 태평성대의 내용을 표현한 것이다.

(26) 연백복지무

1828년(순조 29) 익종의 신제악장과 함께 창제된 정재로 죽간자, 구호, 치어의 형식을 갖추고 있다. 군왕의 덕화가 융성함과 복록이 무강함을 기원하는 내용이다. 팔수무, 화관무, 사우무, 오방무, 회선무, 번수무 등의 다양한 춤사위로 추어졌다. 처음과 마지막에 보허자령을 가운데는 향당교주를 반주음악으로 사용하다.

(27) 영지무

순조 때 창작 된 향악정재로 선녀의 그림자가 비친 것을 망학대무에서 바라보았다는 이야기를 내용으로 담고 있다. 6명의 무용수가 영지를 가운데 두고 각각 3명씩 나누어 영지의 앞 뒤에 서서 추는 정재이다. 궁중무용이 쇠퇴하면서 크게 보급이 되지는 못하였으나 무대 규모와 형식적 측면에서는 화려하다.

(28) 장생보연지무

1829년(순조 29) 익종이 송대의 기성절에 쓰던 장생보연지악의 이름을 빌려 예제한 정재이다. 무원은 죽간자 2명과 원무 5명으로 구성되며 50여종의 궁중무용 중 대형의 변화가 가장 많고 화려한 정재라 할 수 있다.

(29) 제수창

1828년(순조 29)에 군왕의 성수무강을 송축하기 위한 내용의 정재이다. 보허자령과 향당교주를 반주음악으로 사용한다.

(30) 첩승무

1828년(순조 28)에 창작된 정재로 노래가 중심이었으며 포구락을 모방한 정재였다. 1첩에서 10첩까지로 구성되었으며 약간씩 사위를 바꾸어 춤을 추었다.

(31) 춘대옥촉

순조 때 창작되었으며 원무 4명, 집당 2명으로 구성된 향악정재이다. 음악이 연주 되면 악사가 무동에게 윤대(輪臺)를 돌려 전내(殿內)를 놓고 나오게 한다. 연결하여 박의 신호에 따라 원무 4명은 보등을 들고 윤대에 둘레를 벌여 서고 집당 2명은 윤대의 동서로 각각 자리하여 추는 정재이다.

(32) 최화무

순조 때 창안 된 당악정재로 고종 순조 무자 진작의궤 권수 무도와 고종 계사 각정재무도홀기에 의해 죽간자의 구호와 중무의 치어로 시작하고 마친다.

(33) 헌천화

순조 때 알려진 정재로 하늘에 핀 꽃을 선녀가 뿌렸다는 내용을 형상화하였다고 한다. 선모 1명, 무용수 2명으로 구성되고 당악정재인 헌선도와 동작이 비슷하다.

(34) 고구려무

수나라의 영향을 받아 창작된 순조 때의 창작정재이다. 고구려에 관한 옛 시를 창사로 부르면서 옛날을 회상하는 정재이다. 여섯명의 무용수가 손을 여미고 발구름동작을 하면서 등장하고 창사를 한다. 후에 서로 마주 서서 춤을 춘다. 형식은 엽무와 같고 동작은 정재무와 같이 상대무, 상배무, 회수무를 추면서 나오고 들어가는 것을 반복한다.

(35) 공막무

영조(1724~1772)때 창작된 춤으로 칼을 든 다음 추는 춤이며 궁중의 내연에서 상연되었다. 첨수무와 같이 두 명이 마주앉거나 서서 추는 정재이다.

(36) 연화무

연화대라고도 하고, 본래 서역의 한 나라인 석국의 석지무의 일부로 당송을 거쳐 고려로 들어온 것으로 보고 있다. 탁발위에서 발생되었다고 보며, 두 동녀(童女)가 의복과 모자를 쓰고 추는 정재로 모자에는 쇠방울이 있어 움직이면 소리가 났다. 죽간자 2인과 동녀 2인으로 구성되고, 동녀는 봉래에서 내려와 연꽃술로 생겨났다가 군왕의 덕화에 감격하여 가무로써 즐거움을 전달하였다고 한다.

(37) 춘광호

순조 때부터 상연되었으며 부왕을 기쁘게 하기 위해 창작된 봄의 따스한 햇살이 궁궐에 비추어 즐겁다는 것을 표현한 정재이다. 무원 6명이 북쪽에 두 명, 남쪽에 두 명, 동쪽에 한 명, 서쪽에 한 명씩 서서 봄과 같이 화사한 사위로 '풍경지곡'에 맞추어 춘다. 침향춘과 무보가 같다.

(38) 침향춘

순조 때 창작된 향악정재로 구성은 가인전목단과 비슷하고 봄의 향기를 짙게 풍기는 정재이다. 무녀들이 모란 꽃병을 둘러싸서 추는데 심향산은 판으로 산을 만들고 앞뒷면에는 봉우리를 가목으로 새겨 붙인다. 철, 탑, 승불, 사슴 등을 잡상으로 산 모양에 색칠을 한다. 앞면에는 연못을 좌우 복도에는 꽃병을 설치하고 구슬을 단 모란을 꽂아 그 안에 큰 연꽃 등을 설치하고 아래에 4개의 바퀴를 달아 다닐 수 있게 했다.

(39) 관동무

헌종 때의 진찬의궤에 처음 기록된 향악정재로 내용은 '관동별곡(關東別曲)'과 비슷하다. 관동산수의 아름다움을 가무로 표현한 관동무는 8명의 무용수가 반으로 나뉘어 들어가고 나오는 것 혹은 빙빙 돌면서 추었고 동장은 다른 정재와 흡사하다.

(40) 향장무

평안남도 산천의 잡극이던 무극(舞劇)을 1873년 고종이 궁중에 들여오면서 연례무로 사용되었다. 홍문연의 이야기를 무극화한 것으로 대취타 음악을 사용한다.

(41) 사자무

순조 때 창작된 향악무로 원무 4명, 집당 2명으로 구성된다. 음악이 연주되면 악사가 무동에게 윤대를 돌려 전내에 놓고 나오게 하고 박의 신호에 따라 원무 4명은 보등을 들고 윤대의 둘레에 벌어져 서서 집당 2명은 윤대의 동서로 자리하여 춘다.

(42) 향령무

민간에서 추어졌던 춤을 순조 때에 향악정재의 형식에 맞추어 재창작된 정재이다. 두 손에 방울을 흔들고 뿌리치면서 추는 정재로서 좌우 한번씩 같은 동작을 두 번 반복한다는 특징이 있다. 손을 여미고 발을 굴러 물러나면 끝난다.

고려사 악지, 악학궤범 이후 정재에 대한 기록은 이왕직 아악부를 통해서 알 수 있다.

이왕직 아악부는 일제감점기 조선왕조 왕립음악기관의 후신으로 1913년 아악대에서 이왕직아악부로 개칭되었으며, 이 때에 장악(掌樂)을 아악사(雅樂師), 전악(典樂)을 아악수장(雅樂手長), 악생(樂生)과 악공(樂工)을 아악수(雅樂手)로 개칭하였다. 주로 아악생의 양성과 궁중음악의 보존과 전승을 담당하였으며 종묘제례악과 문묘제례악을 정기적으로 연구하고 악서 및 악보 편찬작업도 진행하였다. 1933년부터는 이습회(肄習會)를 통하여, 해방직후에는 구왕궁아악부(舊王宮雅樂部)를 거쳐 현재 국립국악원으로 전승되었는데 그 목록은 다음과 같다.

이왕직아악부-1920년대 기록된 정재일람표 (국립국악원의 궁중정재 전승에 관한연구/이화여자대학, 무용학과, 이한솔 2010.8)	
처용무, 검기무, 수연장, 포구락, 헌선도, 무고, 오양선, 무애무, 육화대, 연화대무, 향발무, 아박무, 학무, 문덕곡, 몽금척, 수보록, 근천정, 수명명, 하황은, 하성명, 성택, 곡파, 봉래의, 초무, 첨수무, 공막무, 가인전목단, 보상무, 춘앵전, 장생보연지무, 망선문, 경풍도, 만수무, 헌천화, 춘대옥촉, 영지무, 박접무, 심향춘, 춘광호, 고구려무, 향령무, 사선무, 제수창, 첩승무, 최화무, 연화무, 연백복지무, 무산향, 향장무, 사자무, 선유락	51

[1920년대 이왕직아악부 정재일람표]

이왕직아악부의 정재일람표에 수록된 정재들과 이후에 무보의 발견으로 전승된 정재 목록	
검무, 처용무, 사선무, 무애무, 선유락, 무고, 동동(아박부), 향발부, 학무, 광수무, 헌선도, 수연장, 오양선, 연화대, 포구락, 석노교(곡파), 문덕곡, 봉래의, 초무, 첨수무, 공막무, 가인전목단, 춘앵전, 보상무, 만수무, 장생보연지무, 헌천화, 향령무, 연백복지무, 무산향, 항장무, 사자무, 박접무, 고구려무, 첩승무, 제수창, 최화무, 경풍도, 심향춘, 망선문, 연화무, 춘광호, 영지무, 춘대옥촉, 관동무, 몽금척, 수보록, 근청전, 수명명, 하황은, 하성명, 성택, 육화대	53

[이왕직아악부 정재일람표 수록 이후 무보 발견으로 전승된 정재목록]

한국민속대백과에 따르면 고려사와 악학궤범 등을 통해 전해지는 당악정재와 향악정재는 모두 58 가지가 기록이 되어 있으나 1920년대 이왕직아악부에는 동동, 보태평, 정대업, 교방가요, 광수무, 관동무 등이 빠진 51개의 기록이 남아 있다. 이후 무보의 발견으로 간동무, 광수무가 발견되어 현재에는 53개의 정재의 기록이 남아 있다.

한국무용의 정재에 대한 기록 중에는 동동과 아박 처럼 같은 무용의 이름이 달라진 경우와 기록상 침향춘-한국민속대백과, 침향산-한국무용개론(장사훈)으로 기록이 되어 있으며 인터넷등의 다양한 사전에는 침향춘, 심향춘 등이 함께 검색되어 그 내용이 동일한 것으로 나타나는 것을 알 수 있었다.

기록 이외에 조선조 궁중무용사, 한국궁중무용총서, 우리 춤 이야기 등에 나타난 정재에 대한 기록은 다음의 표와 같다.

조선조 궁중무용사			
		종류	종수
1902년(광무 6)	진연 (내연, 외연 모두 상연됨)	무동정재 25종, 여령정재 21 * 고종시대에 상연된 정재는 이전의 것들이 전승된 것이었으며 새로 창작된 정재는 없었다.	46

[궁중무용사 관련 서적에 기록된 정재목록]

조선 전기 정재의 창제 시기별 분류(악학궤범) – 조선조 궁중무용사에서 발췌			
고려시대부터 행해진 정재 고려시대부터 행해진 정재	당악정재	헌선도, 수연장, 오양선, 포구락, 연화대, 무애무	8 8
	향악정재	아박, 무고	
조선 전기에 창제된 정재 조선 전기에 창제된 정재	당악정재	몽금척, 수보록, 근천정, 수명명, 하황은, 성택	13 13
	향악정재	보태평, 정대업, 봉래의, 향발, 학무, 처용무, 문덕곡	
조선 전기에 복원된 정재	당악정재	육화대, 곡파	2

한국궁중무용총서 - 국립국악원에서 파악	
헌선도, 오양선, 수연장, 포구락, 연화대무, 무애무, 아박부, 무고, 몽금척, 수보록, 근천정, 수명명, 하황은, 하성명, 성택, 육화대, 곡파, 봉래의, 향발무, 교방가요, 문덕곡, 처용무, 학무, 경풍도, 무산향, 첨수무, 심향춘, 제수창, 가인전목단, 박접무, 연백복지무, 장생보연지무, 춘앵전, 헌천화, 만수무, 최화무, 고구려무, 선유락, 항장무, 검기무, 공막무, 보상무, 초무, 사선무, 첩승무, 춘광호, 영지무, 연화무, 망선문, 춘대옥촉, 광수무, 사자무, 관동무, 향령무, 왕모대가무	55

우리 춤 이야기 (p. 431/ '궁중무용의 유형별 고찰'은 『무용한국』 1984년 춘하호부터 1995년 가을 · 겨울호까지 약 10년여 간에 걸쳐 게재된 연재물.)	
처용무, 선유락, 무애무, 사선무, 검무, 무고, 동동(아박무), 향발무, 학무, 수연장, 헌선도, 포구락, 오양선, 연화대, 곡파, 성택, 수명명, 수보록, 근천정, 하황은, 하성명, 금척, 육화대, 봉래의, 문덕곡, 춘앵전, 무산향, 경풍도, 고구려무, 만수무, 심향춘, 초무, 첨수무, 가인전목단, 헌천화, 박접무, 보상무, 향령무, 첩승무, 최화무, 제수창, 장생보연지무, 연백복지무, 항장무, 사자무, 망선문	46

상기의 표와 같이 정재를 정리하게 된 배경은 앞서 밝힌 바와 같이 여러 기록에서 정재에 대한 기록이 상이했기 때문이며, 정재에 대한 기록이 상이한 이유는 첫 번째, 정재무도홀기가 손실 되었기 때문이며 두 번째, 시대의 흐름에 따라 왕권, 사대부, 종교 변화를 통하여 정재가 창제, 변화, 소멸을 거듭하여 여러 기록에 혼용 또는 삭제, 추가되었기 때문일 것이라 추측할 수 있다. 세 번째, 악정의 변화에 따라 정재가 창제, 변화, 소멸되면서 궁중연향에서 연행되었는데 시대를 거듭할수록 이것이 반복되었기 때문이라 추측할 수 있을 것이다.

〈정재기록에 따른 목록비교〉

한국민속대백과(57) (2001년2월편찬)	한국궁중무용총서(55) (2003~2011년)	이왕직아악부 –1920(51)	이왕직아악부 정재 수록 이후 무보발견 (53)	우리춤이야기(46) (2005년)
가인전목단	가인전목단	가인전목단	가인전목단	가인전목단
검기무	검기무	검기무	간동무	검무
경풍도	경풍도	경풍도	검무	경풍도
고구려무	고구려무	고구려무	경풍도	고구려무
곡파	곡파	곡파	고구려무	곡파
공막무	공막무	공막무	공막무	근천정
관동무	관동무	근천정	광수무	금척
광수무	광수무	만수무	근청전	동동(아박무)
교방가요	교방가요	망선문	동동(아박무)	만수무
근천정	근천정	몽금척	만수무	망선문
금척(몽금척?)	만수무	무고	망선문	무고

동동(아박)	망선문	무산향	몽금척	무산향
만수무	몽금척	무애무	무고	무애무
망선문	무고	문덕곡	무산향	문덕곡
무고	무산향	박접무	무애무	박접무
무산향	무애무	보상무	문덕곡	보상무
무애	문덕곡	봉래의	박접무	봉래의
문덕곡	박접무	사선무	보상무	사선무
박접무	보상무	사자무	봉래의	사자무
보상무	봉래의	선유락	사선무	선유락
보태평	사선무	성택	사자무	성택
봉래의	사자무	수명명	석노교(곡파)	수명명
사선무	선유락	수보록	선유락	수보록
사자무	성택	수연장	성택	수연장
선유락	수명명	심향춘	수명명	심향춘
성택	수보록	아박무	수보록	연백복지무
수명명	수연장	연백복지무	수연장	연화대
수보록	심향춘	연화대무	심향춘	오양선
수연장	아박부	연화무	연백복지무	육화대
심향춘	연백복지무	영지무	연화대	장생보연지무
아박(동동)	연화대무	오양선	연화무	제수창
연백복짐무	연화무	육화대	영지무	처용무
연화대	영지무	장생보연지무	오양선	첨수무
연화무	오양선	제수창	육화대	첩승무
영지무	왕모대가무	처용무	장생보연지무	초무
오양선	육화대	첨수무	제수창	최화무
육화대	장생보연지무	첩승무	처용무	춘앵전
장생보연지무	제수창	초무	첨수무	포구락
정대업	처용무	최화무	첩승무	하성명
제수창	첨수무	춘광호	초무	하황은
첨수무	첩승무	춘대옥촉	최화무	학무
첩승무	초무	춘앵전	춘광호	항장무
초무	최화무	포구락	춘대옥촉	향령무

최화무	춘광호	하성명	춘앵전	향발무
춘광호	춘대옥촉	하황은	포구락	헌선도
춘대옥촉	춘앵전	학무	하성명	헌천화
춘앵전	포구락	향령무	하황은	
포구락	하성명	향발무	학무	
하성명	하황은	항장무	항장무	
하황은	학무	헌선도	향령무	
학무	항장무	헌천화	향발부	
학연화대처용무합설	향령무		헌선도	
항장무	향발무		헌천화	
향령무	헌선도			
향발	헌천화			
헌선도				
헌천화				

상기의 표는 한국민속대백과, 한국궁중무용총서, 이왕직 아악부, 이왕직 아악부 정재 수록 이후 발견된 무용, 우리 춤 이야기에 기록된 정재들을 정리하였다. 2001년 2월에 편찬된 한국민속대백과에는 모두 57개의 정재가 수록되어 있으며, 아박(동동), 동동(아박)이라는 동의어로 기록되어 있었다.

2003년부터 2011년에 편찬 된 한국궁중무용총서는 모두 55개의 정재가, 1920년 이왕직 아악부의 기록에 의하면 모두 51개의 정재가 기록되어 있었다. 이후 발견 된 기록에서 2개가 추가 되어 모두 53개의 기록이 존재하며 2005년 발간 된 우리 춤 이야기에서는 공막무, 관동무, 광수무, 교방가요, 보태평, 연화무, 영지무, 정대업, 춘광호, 춘대옥촉, 학연화대처용무합설 등의 11가지가 빠진 46개의 정재가 기록되어 있음을 알 수 있다.

02

정재의 의물

정재가 진행될 동안 사용되는 물건을 의장 혹은 의물이라고 하는데 당악정재에 사용되었던 의물은 죽간자, 인인장, 용선, 봉선, 정절, 작선, 미선, 개 등이 있다.

1) 죽간자(竹竿子)

당악정재에만 있는 것으로서 무원(舞員)들이 출퇴장할 때 선두에 서서 인도하는 구실을 하는 의물의 하나이다. 죽간자를 든 사람은 두 사람으로, 무원들을 이끌고 나와 치어(致語) 또는 구호(口號)의 이름으로 사륙변려체(四六騈儷體)로 된 치하(致賀)의 시를 아뢰고 양편으로 물러나면 춤이 시작된다.

2) 인인장(引人仗)

두 사람이 드는 것으로, 앞에 서서 뒤에 따르는 사람들의 길을 인도한다. 자루는 대로 만들고 붉게 칠한다. 꼭지 [頂子] 는 나무로 만들고 금칠을 한다.

3) 용선(龍扇)

두 가지로 자루는 대로 만들며, 부채 둘레는 철을 쓰고, 양면은 붉은비단으로 덮어 푸른 실로 꿰매고 금빛 용을 그린다.

4) 봉선(鳳扇)

만드는 법은 용선과 같고 마찬가지로 두 가지이다. 다만 양면에 금빛 봉［金鳳］을 그린다.

5) 정절(旌節)

정절은 여덟으로 대로 만든 자루 꼭대기는 나무로 만들어 모두 붉은칠을 하고, 채화(彩畫)한 목개아(木蓋兒)를 꿴다. 빨강 · 초록 · 검정 비단으로 세 조각 휘장［三幨］을 만들어 개(蓋)와 같이 하되 조금 작게 한다. 전부 일곱 층이고 층마다 안에 동령(銅鈴)을 각각 하나씩 달고 바깥 쪽으로는 삼색단(三色段) 유소(流蘇)를 각각 셋씩 늘어뜨리는데, 모두 금빛 꽃무늬를 찍는다.

6) 작선(雀扇)

두 가지이며, 대로 만든 자루에 부채는 두꺼운 종이로 배접하여 만드는데, 새의 날개와 같이 한다. 양면의 그림은 오색으로 채색하고 가는 금종이를 붙인다.

7) 미선(尾扇)

두 가지이며, 대로 만든 자루에 부채는 두꺼운 종이로 배접하여 만든다. 또 생초(生綃)로 바르고, 양면에는 공작 꼬리를 그린다.

8) 개(蓋)

차양의 일종으로 귀한 사람이 거동할 때 머리 위를 가리기 위한 것이다. 노랑 하나, 빨강 둘, 검정 둘로 다섯을 든다. 나무 자루는 붉은칠을 하고, 위는 굽은 철을 마련하여 그 끝에 덮개를 달고, 꼭지는 은으로 한다.

9) 족자(簇子)

〈 몽금척 〉·〈 수보록 受寶錄 〉·〈 근천정 覲天庭 〉·〈 수명명 受明命 〉·〈 하황은 賀皇恩 〉·〈 하성명 賀聖明 〉·〈 성택 聖澤 〉 등의 정재에 각각 쓰인다. 족자는 생초를 쓰되 위와 아래는 홍릉(紅綾)과 백릉(白綾)으로 잇대어 장식한다(홍릉은 금빛 꽃가루를 찍는다). 가는 자초(紫綃)를 쓰고, 뒷면은 배접한 홍초(紅綃)를 쓴다. 축(軸)은 옥(玉)·화리(華梨) 또는 오매(烏梅)를 쓰고, 대는 나무로 하여 붉은 칠을 한다. 대 위에는 갈고리가 있고, 족자의 좌우에도 고리가 있다. 고리 밑에는 백릉유소가 있고 초록끈으로 갈고리에 건다. 고리 밖의 양쪽 끝에 또 각각 작은 고리가 있어 색실매듭을 늘어뜨린다(다른 정재의 족자도 모두 같으나, 넓고 좁은 것은 가사의 말이 많고 적음에 따라서 만든다).

10) 금척(金尺)

자(尺)는 금으로 만들고, 자 머리에는 구름과 해의 형상을 새긴다. 자 밑에는 연방(蓮

房) 자루가 있고, 자루 끝에는 고리를 두어 색실결자를 늘어뜨린다.

11) 홍대독(紅大纛) 열, 흑소독(黑小纛)

다섯이며 만드는 법은 같다. 즉, 홍독은 홍상모(紅象毛)를 쓰고 나무 자루는 붉은칠을 하고, 아래 끝은 철로 장식한다. 상모 위는 도금한 동계화(銅葵花)를 쓰고, 덮개와 날은 은종이를 붙인다. 흑독은 흑상모(黑象毛)를 쓴다. 제사에 쓰는 것은 도금과 은종이를 쓰지 않고 분칠을 한다.

12) 학(鶴)

청학(青鶴)·백학(白鶴) 각 하나씩이며, 몸통 껍질은 대로 만들어 종이를 바르고 목은 둥그렇게 대를 말아 엮고 거죽은 백포(白布), 내경(內頸)은 긴 나무를 쓴다. 또 숙승(熟繩)을 써서 아래 주둥이에 매어 이것으로 흔들어 돌아보고 쪼는 형상을 짓는다. 백당안(白唐雁) 털을 붙이는데(청학은 청칠을 한 털), 날개는 관(鸛 : 학의 일종)의 날개 털을 쓰고, 꼬리는 검은 닭 꼬리를 쓰며, 푸른 주둥이를 가진다(청학은 초록 주둥이). 두 무릎에는 붉은 치마를 입고 붉은 버선과 붉은 나무 발을 신는다(청학은 푸른 치마, 푸른 버선, 초록나무 발임). 백포를 잘게 썰어 배 밑으로 늘어뜨리고 오금［膝］을 가린다(청학은 青布). 가슴 앞과 날개 밑으로 조그마한 구멍을 두어 엿보게 한다.

13) 침향산(沈香山)

판자를 써서 산의 형상을 만들고 앞뒤 면에는 단목(단木)으로 봉우리를 새겨 붙인다.

집 · 탑 · 승불(僧佛) · 사슴 · 잡상(雜像)을 만들어 산 모양을 한 곳에 붙이고 채색한다. 앞면에는 연못을 만들고, 난간 좌우에는 화병을 설치하여 구슬을 갖춘 모란을 꽂으며, 안에는 큰 연꽃통을 설치하고, 그 밑에는 바퀴통을 네 개 설치하여 사방으로 끌도록 한다.

14) 지당판(池塘板)

침상(寢床)과 같이하여 채색하고, 둘레에는 연꽃과 잎사귀를 꽂는다. 또 화병 일곱을 설치하여 구슬을 갖춘 인조 모란꽃을 꽂는다. 앞면에는 곧은 장대에 칠보등롱(七寶燈籠)을 달고, 좌우에는 큰 연꽃통을 설치한다.

이 외에, 포구문(抛毬門), 채구(彩毬), 선도반(仙桃盤), 탁자(卓子), 궁시(弓矢), 검(劒) 창(槍)등이 있다.

V

민속무용의 이해

01

1세대 민속무용

본 장에서는 한국의 일제강점기 및 남 · 북한 전쟁이전에 생성된 무용을 1세대 민속무용으로, 남북전쟁 이후 생성 · 발전된 무용을 2세대 민속무용으로 분류하였다. 이는 1세대 민속무용에서 파생되어 발전된 2세대 민속무용의 역사에 대한 올바른 이해를 돕기위함이다.

민속무용은 평민들의 생활 가운데 발생한 된 것으로 동작이나 의상 등에 있어 엄격한 규칙을 적용하지 않는다. 평민들의 생활상과 의식을 반영하였다. 국립국악원에서는 한국민속무용의 특징을 5가지로 이야기 하는데 첫째, 창작과 발생연대가 분명치 않으며 둘째, 백성의 생활과 감정을 묘사하고 있다. 셋째, 기본 가락은 있으나 개인의 창의성을 자유롭게 발휘 할 수 있도록 하며 넷째, 간단한 의상, 무대 장치 없이 어느 정도의 공간이 갖추어지면 장소를 불문하고 춤판을 벌일 수 있다. 다섯째, 장단과 염불과 타령을 비롯해 삼남 지방의 산조 와 살풀이장단 등이 함께 사용되었다(한국무용사전, 2011).

1) 살풀이

중요무형문화재 제97호로 무속 의식(巫俗儀式)에서 액(厄)을 풀어낸다는 뜻을 가진다. 살풀이의 발생에 대해서는 여러 설들이 있는데 무속(巫俗)에서 파생되었다는 것과, 남도(南道) 무무(巫舞)의 계통이라는 설이 있다. 이를 토대로 살풀이는 무당들이 인간 내면의 짐을 표출하고 신을 접하기 위해 추어지기 시작했으며, 훗날 기생들과 무인들에 의해 입춤즉흥무 · 수건춤 등으로 불리며 보편화되었다.

문헌상으로는 1934년에 〈조선음악무용연구소〉를 창립한 한성준(韓成俊)이 1936년에 제1회 한성준무용발표회를 부민관에서 개최하면서 극장무대화 한 춤에서 최초로 살풀이춤이라는 명칭을 사용하였다.

반주는 삼현육각(三絃六角)이 기본이며, 남도무악인 시나위로 반주한다. 징을 포함하거나 입타령을 간혹 사용하여 구음살풀이를 추기도 한다. 의상은 일반적으로 치마와 저고리 모두 흰색 이며, 수건 역시 흰색이다.

한성준에 의해 무대화된 살풀이가 완성되었으며 이후 한영숙(韓英淑), 이매방(李梅芳), 이동안(李東安), 김숙자(金淑子)에 의해 추어졌다.

2) 태평무

중요무형문화재 제92호로 1900년대의 한성준에 의해 경기 무속춤에서 재구성되어 태평무로 발전하게 되었다. 정재로 보아야 한다는 관점도 있으나 한성준에 의해 재구성 되었으므로 민속무용의 관점으로도 볼 수 있다. 태평무는 나라의 태평성대를 기원하는 춤이며 경기도 무속 장단인 진쇠장단을 기본으로 부정놀이, 반설음채, 올림채, 돌음채, 허부림채, 잦은 굿거리 장단에 맞추어 구성되어 있다.

왕과 왕비의 복장을 입고 웅장하고 화려한 춤사위를 표현하며 장단의 변화에 따라 겹걸음, 잔걸음, 무릎들어 걷기, 뒷꿈치 꺾기와 같은 디딤새의 현란한 기교와 절제미를 볼 수 있게 된다. 태평무는 한영숙과 강선영, 이동안을 통해서 전수 되고 있는데 한영숙류는 동작이 섬세하고 우아하며 한 동작 마다 절도가 있다. 강선영류는 엄숙함과 장중함이 있고 사위가 크면서 우아하고 화려하다. 이동안류 태평무는 남자의 사모관대를 창작하는데 서민적이고 소박하면서 귀족적 정서가 함께 어울어져 홍과 멋, 장중함이 표현된다.

3) 한량무

경상남도 무형문화제 제3호인 한량무는 한량과 승려가 한 여인을 유혹한다는 것을 내용으로 표현된 무용이다. 정확한 유래는 알 수 없으나 조선후기 사당패에 의해 연극으로 이루어졌으며, 정현석의 교방가요에 의하면 조선 말엽에 유행되었고 이후 기방에서 성행하였다는 밝히고 있다. 등장인물로는 악사, 한량, 승려, 색시, 주모, 별감, 상좌, 마당쇠가 있으며, 각 역할에 따라 의상과 춤사위가 달라진다. 한량은 도포에 정자관을 쓰며, 별감은 궁중별관복을, 색시는 궁중기생옷으로 몽두리에 색한삼을 끼고 족두리를 쓴다. 승려는 가사를 매고 작은 방갓을 쓰는데 타락한 선비, 파계한 종, 정조없는 색시, 게으른 관리를 응징해야 하다는 사회풍자적 무용이라 할 수 있다.

우리나라 가면극 중 기녀계에서 연희되었던 최초의 극형식 춤으로 역동성, 남성다움을 간직하고 이으며 남성춤의 대명사라 할 수 있다. 무엇보다도 궁중무용이나 순수 민속춤도 아닌 교방계류의 무용극이라는 것에 의의가 있다.

4) 승무

중요무형문화재 제27호로 지정된 승무는 불교적인 색채가 뚜렷한 독무이다. 의상은 대개 날렵하게 걷어올린 남색치마에 흰 저고리, 장삼을 손에 끼고 있다. 머리는 흰 고깔을 쓰고, 어깨에는 붉은 가사를 입히고 양손에 북채를 끼워서 든다. 현재 승무에 대한 연원은 2가지로 나눌 수 있는데 첫째, 불교의식과 연관시킨 불교의식 무용설로 세존께서 영취산에서 법화경을 전할 때, 채화를 내리시고 가섭이 이를 알아차리고 빙긋이 웃으면서 춤을 추었다는 것이다. 둘째, 민속무용으로서의 유래설은 황진이가 지족선사를 유혹하려고 추었다는 것에서 비롯된 것이다. 즉, 스승이 나간 틈을 타서 평상시 스승이 하는 범정과 독경설법의 모습을 모방하려고 했는 것으로 파계승이 번뇌를 잊기 위해 북을 치며 추었다는 설이다. 이 중 가장 유력한 것은 불교의식무용 중 하나인 법고춤에서 유래하였다는 설이다.

음악은 자진모리와 당악장단에 맞추어 시작하고 북의 연타는 주술적인 힘을 빌려 관객을 무아지경의 단계까지 이끄는 것이다. 북소리가 멈추면 다시 긴 장삼을 뿌리면서 연풍대 후 어깨춤으로 사뿐히 걸어 합장하면서 끝난다. 반주악기는 삼현육각이며, 악곡은 염불, 타령, 자진모리, 굿거리, 당악 등이라 할 수 있다. 한성준에 의해 극장화 되었으며, 경기 · 충청 지방의 승무와 이대조에 의해 발전되었으며, 호남지방의 승무가 존재한다. 한성준의 승무는 한영숙에게, 이대조의 승무는 이매방에게 전승되어 한영숙류와 이매방류로 나눠진다. 한영숙류 승무는 故 정재만과 이애주에게 계승되었다.

5) 강강술래

호남 지방의 집단 무용으로 삼한시대의 제천 의식인 5월 기풍제와 10월 추수 감사제 때 집단의 원무로 행한 춤에서 유래되었다. 둘레라는 의미의 술래와 원을 뜻하는 강이 어울어져 '주위를 경계하라'는 의미를 가진다. 강강술래의 발생은 임진왜란 때 아군의 군세가 왜군보다 크다는 것을 보이기 위해 부녀자들이 추었던 군무에서 시작되었다는 설도 있다. 원형으로 이루어지며 춤과 노래, 오락 등이 어울어진 놀이성이 강한 춤이라 할 수 있다.

6) 농악

우리나라의 춤 가운데 가장 긴 역사를 가졌으며, 민족적 정서가 잘 표현되어 있다. '농사꾼이 하는 음악'이라는 뜻에서 지어진 농악은 궁중악이 왕성할 때, 정악과 구분하기 위하여 사용되었다는 것도 미루어 짐작할 수 있다. 농악의 기원은 노동설과 제의설로 노동설은 농경의례 곧 생산과 풍요 의식에서 비롯 되었다는 것이며, 제의설은 농악이 제천 의

식인 소도의 제사에서 비롯되었다는 것이다.

농악의 종류는 마음사람들로 구성되어 농사철에 농악을 연행하는 두렁쇠, 숙련된 직업인인 쟁이들로 구성된 패거리를 뜬 쇠라고 라는데 남사당패의 풍물이 여기에 속한다. 난장쇠는 시골 장터에서 벌어졌던 난장판에 참가했던 농악대를 말하며, 마을의 공공사업에 드는 경비를 염출하기 위해 찾아다니며 농악을 울려주는 패를 비나리쇠라고 한다.

춤은 상모놀이를 위주로 한 윗놀이춤과 밑놀이 춤으로 나눌 수 있다. 대개 농기수 2인이 행렬의 앞에 서고, 그 뒤를 영기 한 쌍이 따른다. 지휘자는 상쇠이며, 그 뒤로 부쇠, 종쇠가 따르고 연이어, 꽹과리, 징, 장고, 소고 등의 타악기로 구성된다. 연희의 목적에 따라 내용이 다른데 토착신앙과 결부되어 마을의 안녕과 주민의 평안을 기원하는 축원 농악, 농민들의 시름을 덜고, 일의 능률을 도모하기 위한 노작 농악, 전문 농악단이 다니며 걸립을 하는 걸립 농악, 마음 사람들 간의 친목 및 단합을 위한 연희 농악으로 분류할 수 있다. 농악의 악기는 나쁜 귀신을 쫓고 좋은 일을 맞이한다는 목적에 맞추어 종교 의식에서 비롯되었음을 알 수 있으며, 노농무이자 축제무라고도 할 수 있다.

각 지방별로 살펴보면, 경기농악은 걸립패의 걸립굿, 두레패의 두레굿, 남사당패의 농악이 성행하였다. 충북농악은 경기 남부 농악과 비슷한데 정월에 걸립굿, 여름에 지심두레굿에서 추었다. 농악대는 영기, 농기, 호적, 꽹과리, 장고, 북, 버꾸, 양반, 대포수, 각시, 무동 등으로 편성되며, 돌림빼구, 사통백이, 가내벌림, 오방진, 고사리 꺽기 등으로 짜여지고 상쇠놀이, 장고놀이, 버꾸놀이, 열두발 상모, 북놀이로 구성된다. 호남농악은 좌도농악, 우도농악으로 나뉘며, 산간지대의 농악은 좌도굿, 좌도농악이라고 하였다. 평야지대는 농악을 우도굿 혹은 우도농악이라 하였다. 좌도굿은 전원이 전립하고 복식이 비교적 간편하고 빠른편이다. 우도굿은 주로 고깔을 쓰고 복장이 화려하며, 구성진 꽹과리 가락과 춤사위가 발단하였으며 단체연기에 치중한다. 영남농악은 판굿에서 진법과 채의 편성이 다양한다. 영남농악 12차가 존재하며 상쇠가 즉흥적으로 편성한다. 느린가락으로 시작해서 빨라지며 진법놀이에서 버꾸수들이 자반뒤지기라는 기교를 부린다.

충물굿, 풍장굿, 두레굿, 매구라고도 하며 연행시기에 따라 대보름굿, 백중굿, 호미씻이라고도 한다.

02

2세대 민속무용

1) 부채춤

오늘날의 부채춤은 김백봉에 의해 1952년 이후 추어졌다. 1952년 이전에는 부채춤이라는 명칭이 아닌 최승희의 무당춤에서 부채를 소품으로 사용한 것을 알 수 있다. 부채춤에 대한 김백봉의 착상은 1947년 평양에서 스승 최승희의 무당춤을 보면서부터 였으나 실제로 부채춤이 공연 되어진 시기는 1952년 김백봉이 월남한 후 가진 '김백봉 제1회 작품발표회(시공간)'에서부터였다. 군무로서의 부채춤은 1968년 멕시코 올림픽의 세계민속예술축전에서부터 였다. 의상은 당의와 겉치마, 속치마, 허리 속치마를 입고, 머리 장신구로 족두리와 쪽, 비녀를 사용한다. 반주음악은 창부타령이며, 독무일 경우 피리 1, 가야금 2, 장구 1로, 군무의 경우 피리 1, 가야금 2, 장고 1, 소바라 1로 악기편성을 한다. 기본 춤사위로는 상체 또는 하체의 운동성에서 비롯된 형태적 특징에 기초하는 무태사위와 몇 개의 연계동작의 연속성에서 상징되어지는 창무자의 표현세계를 바탕으로 한 상징사위로 구성된다.

2) 산조

1957년 김진걸이 자신의 제1회 개인발표회에서 추었던 독무로 '내 마음의 흐름'이라는 부제를 가진다. 근본적으로는 전통, 기방의 입춤으로 파생된 춤이라 할 수 있으며 인간의 자유로운 감정을 몸짓으로 표출하는 것이며 즉흥성이 가미되기 때문에 표현의 범주가 넓다.

1992년 한국무용학회에 의해 명작무로 지정되었다.

3) 장고춤

농악놀이 중 개인놀이인 설장구에서 개작된 춤이라 할 수 있다. 오른손에는 채편을 왼손에는 궁채를 잡고, 느린장단에 맞추어 점차 빠른 장단이 되면서 다양한 장고가락을 구사한다. 장구를 메고 있지만 발을 가볍게 구르고, 도약하며 뛰기도 하는 경쾌한 춤이다.

4) 화관무

궁중무 복식에 화관을 쓰고 긴 색한삼을 공중에 뿌리며 추는 춤이다. 궁중의복과 유사하지만 춤에 대한 연출은 궁중무용과 차이가 있는데, 화관무는 창사나 노래를 제거하고 움직임만을 가지고 춤을 춘다.

태평성대를 표현하고 예식성이 강하며 동작과 대형들을 빠르게 변화시킨 군무로 구성되어 있다. 특히 춘앵전의 복식과 승무에서 기초 춤사위를 차용하였다. 화관무의 처음 시작은 최승희로 1930년 제1회 귀국공연에서 '영산무', 1941년 동경에서 개최된 최승희 무용종합 발표회에서는 '궁녀무', 1947년 평양에서의 김백봉무용발표회에서 '고전형식'이라는 제목으로 같은 흐름의 작품으로 공연되었다. 1954년 김백봉 무용발표회에서 처음 고전형식이라는 이름으로 발표되었으며, 이후 1957년 '화관무'로 개칭되었다.

반주음악은 '영산회상' 중 세령산, 도드리, 타령이며, 무복은 머리위에 화관을 쓰고, 광수포(원삼)에다가 가슴띠와 통치마를 걸치고, 한삼을 낀다.

5) 삼고무

삼면에 북을 각각 한 개씩 걸어놓고 장단을 치면서 추는 춤으로 한국 전통 장단인 자진모리, 동살풀이, 휘모리장단으로 점차 빠르게 몰아간다. 3, 5, 7, 9, 12고무등 홀수로 점차 증가시켜 출 수도 있다.

6) 북춤

북을 치면서 추는 춤으로 흥을 돋우기 위해 농악에서도 북놀이춤이 있고, 불교의식에서도 법고춤이 있다. 농악에서의 북춤은 경상도와 전라도에서 발전하였으며 경상도는 철저하게 원박에 맞춘 집단무용적 성격을 띠고, 전라도는 가락이 섬세하고 다양하며, 정박과 변박을 이용하는 개인무용적 성격이 나타난다. 보편적으로 기본 가락을 연주하고 가락과 가락 사이에 춤을 춘다. 북채를 하나만 사용하는 외북채와 양손에 사용하는 쌍북채로 유형이 나뉜다. 외북채는 북에 메단 끈을 손으로 잡고 얼굴 높이까지 올려서 치거나 어깨에 매고 아래 쪽에서 치는 춤이며, 쌍북채의 경우 북을 몸체에 묶어 양손으로 치는데 진도북춤이 유명하다. 외북채는 제자리 회전, 연풍대, 까치걸음, 발 벌리고 북치기, 두루걸이 등의 사위가 있으며, 쌍북채로 추는 북춤은 어깨춤, 빠른걸음 회전, 제자리 뛰기, 연풍대, 자반뛰기, 갈짓자뛰기 등이 있다.

03

탈춤

탈춤에 대한 기원은 크게 산대희(山臺戲) 기원설, 무굿 기원설, 풍농굿 기원설, 실제적 목적 기원설, 통합적 기원설 등으로 나눌 수 있다.

산대희 기원설은 탈춤이 산대극에서 발생했다는 것인데 이후 산대극이 폐지되면서 산대극의 연기자가 지방으로 흩어져 각 지방의 가면극을 형성하는 계기가 되었다는 것이다. 즉, 산대도감 계통의 가면극에서 가무적인 요소는 나례잡희 또는 산대잡희의 가무와 규식지희(規式之戲)의 전승이며, 연극적인 요소는 소학지희(笑謔之戲)의 화극(話劇)적 전개에서 이루어졌다.

기악기원설은 백제인 미마지가 오나라에서 배워 612년에 일본에 전했다는 기악무를 한국의 가면극의 기원으로 보는 것이다. 이는 산대도감 계통의 가면극인 양주별산대놀이나 봉산탈춤을 일본의 기까구와 비교했을 때 가면의 형태, 색깔, 도구, 무용극적 요소, 인물의 역할, 주제가 서로 비슷하다는 것을 알 수 있다.

무당굿 기원설은 연극의 제의 기원설을 수용한 것으로 고대의 제천의식 중 무당이 가면을 쓰고 굿을 했었던 것에 그 발생 기원을 두는 것이다. 이는 처음에는 단순했던 무당의 의식무가 갈 수도 복잡해지면서 가면극도 이 중 하나로 발생되었다고 보는 것이다. 이에 대해서는 산대극의 첫 과장에 고사장면이 있고, 미얄할미의 죽음 이후 넋두리하는 장면 등 무속과 관련된 부분이 있다는 것이다.

풍농굿 기원설 역시 무당굿 기원설과 마찬가지로 연극 발생의 일반론이라 할 수 있다. 그러나 무당 굿 기원설이 무속제의에 중점을 두는 것이라면 풍농굿은 마을굿의 형태로 농경의례에 기원을 두고 있다는 것이다.

탈은 인간이 자신이 아닌 다른 사람이 되어 볼 수 있다는 주술적 기능을 가진다. 이러한 점에서 탈춤은 주술적이고, 종교적이라는 특성을 가진다. 즉, 악신 혹은 역신을 쫓기 위해 탈을 쓰고 의식을 치르는 것이다. 대사보다는 가무적인 요소가 강조되는 놀이성이 짙은 탈춤은 음악반주에 춤이 주가 되고 노래는 가무적 부분과 묵극적 움직임, 사설을 읍는 부분으로 구성된다. 풍자와 해학을 주로 다루며, 벽사진경의 의식무, 파계승에 대한 비방과 풍자, 양반계급에 대한 모욕과 폭로, 일부다처의 삼각관계에서 야기되는 파탄상과 백성의 빈공상을 고발하는 내용으로 나눌 수 있으며 지역에 따라서 중부형, 경남형, 해서형, 관북형으로 구분할 수 있다.

중부형은 서울 · 경기를 중심으로 산대놀이를 중심으로 하며 본산대, 별산대라고 조직된 집단이 있는데 서울 애오개, 녹번, 사직골 등의 탈놀이는 세칭 본산대 이며, 양주군에 전승된 것은 양주산대놀이라 한다.

경남형은 경북 합천군 초계면 밤마리라는 포구에서 발생된 경남 일대의 오광대를 뜻한다. 현재는 통연, 고성, 두 곳과 야유(野遊)로 부산시 동래와 부영에만 남아 있다. 오광대는 오행설에 의거하며 오과장, 오방신장, 오문등이, 오양반등이 등장한다.

해서형은 황새도 봉산군을 추축으로 하며 봉산탈춤과 강령탈춤이 대표적이다. 대륙 건무의 영향을 받아 활발하고 직선적이며, 탈은 비사실적인 귀면형이 많으며 면의 굴곡이 심한 것이 특색이다.

관북형은 함경도의 북청사자놀이를 들 수 있다. 사자놀이는 벽사진경(僻邪進慶)에 있으며 백수(百獸)의 왕으로서 벽사할 만한 힘을 가졌다고 믿고 잡귀를 쫓과 안과태평(安過太平)을 비는 놀이이다. 악기는 퉁소, 장구, 소고, 북, 꽹과리로 반주하며 사자, 사령, 꺽쇠, 양반, 무동, 사당, 상좌, 꼽새와 기타 잡패들이 등장한다.

봉산탈춤의 경우 등장인물은 상좌 4, 목중 8, 거사 6, 사당 1, 소무 1, 노장 1, 신장수 1, 원숭이 1, 취발이 1, 맏양반 1, 둘째 양반 1, 셋째 양반 1, 말뚝이 1, 영감 1, 미얄 1, 덜머리집 1이며, 전체 7마당 5거리로 구성되어 있다. 길놀이에서부터 시작되면, 악사의 주악을 선두로 사자, 말뚝이, 취발이, 포도부장, 소무, 양반, 상좌, 노장, 남강노인 순으로 열을 지어 읍소한다. 원숭이가 앞뒤로 따라다니며 장난을 하고 길놀이가 끝나면 봉산탈춤 중흥자인 안초목을 위령하는 고사를 지낸다. 해가 지면 무동춤, 줄타기, 땅재주 등의 곡예와 풍물놀이로 흥을 유발하고 밤늦게 탈춤놀이가 시작된다.

04

무속무용

무속무용은 기원전 3, 4세기에 자연발생적으로 시작되어 현재에 이르고 있다. 각 지역마다의 명칭이 있으며, 서울 및 경기는 '도당굿'과 '대동굿', 도해안 일대는 '별신굿', 제주도 지방은 '당굿', 전라도 일원은 '씻김굿', 충청도 지방은 '양반굿(앉은뱅이 굿)'으로 나누어지며 대부분 세습무로 가무를 중요시 한다.

한강 이북은 위아래로 뛰는 도무가 많으며, 경기 및 충청도와 전라도는 손과 팔을 수평으로 펼치고 몸과 팔을 좌우로 돌리는 춤사위, 경상도와 강원도의 동해안의 춤은 찰을 머리 위로 쭉 뻗고 좌우로 몸을 흔들며 추는 것이 특징이다.

지역에 따라 무용의 차이가 있듯이 반주음악과 장단 역시 지방에 따라 다르며 한강 이북은 도드리, 굿거리, 타령, 당악(자진타령) 장단을 쓰고, 반주음악은 반염불, 허튼타령, 굿거리, 당악등을 쓴다. 경기도 한강 이남과 충북지방은 도살풀이, 굿거리, 진쇠, 푸살, 올림채등의 장단을 쓰고 음악은 도살풀이, 굿거리, 자진굿거리를 사용한다. 충남과 전라도는 살풀이, 자진살풀이, 굿거리 장단을 쓰고 '살풀이, 자진살풀이, 남도 굿거리와 같은 반주음악을 사용한다. 경상도와 강원도 등의 동해안은 도장장단과 동살풀이 장단을 주로 사용한다.

VI

한국무용의 동작

01

한국무용의 동작

앞서 Ⅰ~Ⅲ장을 통하여 한국무용에는 의식무용, 정재, 민속무용 등이 있음을 확인하였다. 이에 본 장에서는 한국무용의 춤사위에 대하여 살펴보고자 한다. 한국무용 전반에 걸친 춤사위를 확인하기 위하여 1981년 한국문화예술진흥원을 통해 발간 된 「정병호의 춤사위」와 「탈춤, 춤사위에 내재한 동작소의 미학적 분석(1984년, 정병호)」, 1987년 한국춤 모임 '짓'에서 발간된 「김은이의 짓」, 한국문화예술진흥원의 「무용용어해설집」을 참고하여 정리하였다.

앞서 한국무용에는 의식무용, 정재, 민속무용 등이 있음을 확인하였다. 이에 본 장에서는 한국무용의 춤사위에 대하여 살펴보고자 한다.

〈춤의 동작들〉

부분	동작	세부유형	비고
발의 동작	1. 닫기	① 뒷꿈치 딛기 ② 앞꿈치 딛기	step의 뜻으로도 통용
	2. 떼기		
	3. 들기		
	4. 걷기		
	5. 전주기	① 한 발 딛기 ② 전주며 딛기 ③ 곱 전주며 딛기	
	6. 머물기		
발목의 동작	1. 발목 꺾기		
	2. 발목 펴기		
	3. 안		
	4. 밖		몸 중심쪽
	5. 발목 돌리기		이와 반대쪽
무릎의 동작	1. 무릎 꾸부리기		
	2. 무릎 펴기		
	3. 안으로 꾸부리기		
	4. 밖으로 꾸부리기		
	5. 앞으로 꾸부리기		
엉덩이의 동작	1. 빼기		
	2. 틀기		
	3. 흔들기		

상체·허리·가슴·어깨·목의 동작	1. 바로 서기		
	2. 앞으로 굽히기	① 상체 굽히기 ② 허리 굽히기	
	3. 바로 펴기		
	4. 젖히기		
	5. 틀기	① 오른쪽 틀기 ② 왼쪽 틀기	
	6. 꺾기	① 오른쪽 꺾기 ② 왼쪽 꺾기	
	7. 허리 돌리기	① 오른쪽 허리 돌리기 ② 왼쪽 허리 돌리기	
	8. 가슴	① 가슴 모으기 ② 가슴 펴기 ③ 가슴 젖히기	

〈머리 동작, 손 동작〉

부분	동작	세부유형	비고
	9. 어깨	① 어깨 돌리기 ② 멋바꾸어 올리기 ③ 어깨 내리기 ④ 어깨 틀기 ⑤ 엇바꾸어 틀기 ⑥ 어깨 돌리기	㉠ 앞으로 ㉡ 뒤로
	10. 목 꺾기	① 앞으로 목 꺾기 ② 뒤로 목 꺾기 ③ 오른쪽으로 목 꺾기 ④ 왼쪽으로 목 꺾기	
	11. 목 돌리기	① 오른쪽으로 목 돌리기 ② 왼쪽으로 목 돌리기 ③ 온 바퀴 목 돌리기	

<table>
<tr><td rowspan="4">머리의동작</td><td>1. 바로 보기</td><td></td><td></td></tr>
<tr><td>2. 위 아래 보기</td><td></td><td></td></tr>
<tr><td>3. 돌려 보기</td><td>① 오른쪽으로 돌려 보기
② 왼쪽으로 돌려 보기
③ 뒤 돌려 보기</td><td></td></tr>
<tr><td>4. 비켜 보기</td><td>① 비껴 위 보기
② 비껴 아래 보기
③ 비껴 옆으로 보기
④ 비껴 뒤돌려 보기</td><td></td></tr>
<tr><td rowspan="7">손의동작</td><td>1. 손바닥 바로 펴기</td><td>① 위로 바로 펴기
② 아래로 바고 펴기</td><td></td></tr>
<tr><td>2. 손목 꺾기</td><td>① 위로 꺾기
② 아래로 꺾기</td><td></td></tr>
<tr><td>3. 손목 바로 돌리기</td><td>① 바로 돌려 엎기
② 바로 돌려 젖히기</td><td></td></tr>
<tr><td>4. 손목 꺾어 올리기</td><td>① 꺾어 돌려 엎기
② 꺾어 돌려 젖히기</td><td></td></tr>
<tr><td>5. 손목 온바퀴 돌리기</td><td>① 안으로 온 바퀴 돌리기
② 밖으로 온 바퀴 돌리기</td><td></td></tr>
<tr><td>6. 손목 엇바꾸어 돌리기</td><td></td><td></td></tr>
<tr><td>7. 손목 엇바꾸어 뒤엎기</td><td></td><td></td></tr>
</table>

〈팔의 동작들〉

<table>
<tr><th>부분</th><th>동작</th><th>세부유형</th><th>비고</th></tr>
<tr><td rowspan="13">팔의 동작</td><td>1. 펴들기</td><td>① 앞으로 펴들기
② 위로 펴들기
③ 옆으로 펴들기
④ 비껴 아래로 펴들기
⑤ 비껴 위로 펴들기</td><td></td></tr>
<tr><td>2. 펴 내리기</td><td>① 앞으로 펴들기
② 비껴 앞으로 펴들기
③ 옆으로 펴들기</td><td></td></tr>
<tr><td>3. 위 아래 비껴 펴들기</td><td></td><td></td></tr>
<tr><td>4. 앞뒤 비껴 펴들기</td><td></td><td></td></tr>
<tr><td>5. 굽혀 펴기</td><td>① 앞으로 굽혀 들기
② 위로 굽혀 들기
③ 옆으로 굽혀 들기
④ 비껴 아래로 굽혀 들기
⑤ 비껴 위로 굽혀 들기</td><td></td></tr>
<tr><td>6. 굽혀 내리기</td><td>① 앞으로 굽혀 내리기
② 비껴 앞으로 굽혀 내리기
③ 옆으로 내리기</td><td></td></tr>
<tr><td>7. 감기(왼손 · 양손)</td><td>① 허리 감기
② 머리 위 감기</td><td></td></tr>
<tr><td>8. 휘저 감기</td><td>① 휘저 내려 감기
② 휘저 올려 감기</td><td></td></tr>
<tr><td>9. 굽혀 돌려 엎기</td><td></td><td></td></tr>
<tr><td>10. 굽혀 돌려 젖히기</td><td></td><td></td></tr>
<tr><td>11. 뿌리기(왼손 · 양손)</td><td>① 위로 뿌리기
② 아래로 뿌리기
③ 옆으로 뿌리기
④ 앞으로 뿌리기
⑤ 뒤로 뿌리기
⑥ 엇바꾸어 앞뒤로 뿌리기
⑦ 비껴 위로 뿌리기
⑧ 비껴 아래로 뿌리기</td><td></td></tr>
<tr><td>12. 휘저 감아 뿌리기</td><td></td><td>· 방향은 ⑪에 준함.
CP 아래서 휘저 감아 위로 뿌리기</td></tr>
<tr><td>13. 감아 뿌리기</td><td>① 안으로 감아 뿌리기
② 밖으로 감아 뿌리기</td><td></td></tr>
</table>

〈걸어가는 동작, 도는 동작, 뛰는 동작〉

부분	동작	세부유형	비고
	14. 던지기(외손 · 양손)		
	15. 모으기	① 앞으로 모으기 ② 위로 모으기	
걸어가는 동작	1. 평걸음		♩
	2. 늦춘 걸음		♩
	3. 잔걸음		♬
	4. 종종걸음		♬♬
	5. 까치걸음		
	6. 깨끼걸음		skip
	7. 엾치기걸음		gallop
	8. 가재걸음	①뒤로 ②앞으로	
	9. 꼬우기걸음	①뒤로 ②앞으로 ③옆으로	cross
	10. 성큼걸음		
	11. 게걸음		
도는 동작	1. 연풍대		Rondo하는 것
	2. 멍석말이		큰 space를 두고 도는 것
	3. 기둥놀이		작은 space를 두고 도는 것
	4. 방석놀이		네모꼴 모양으로 도는 것
	5. 맴돌이		제자리에서 도는 것
	6. 구슬돌기		−○−○−○−○−○−○
	7. 엇바꾸어 구슬돌이		− − − − − − − −
	8. 팽이돌이		돌면서 각 방향으로 이동하는 것

뛰는 동작	1. 다지기		
	2. 전주며 다지기		
	3. 디딤방아		
	4. 널뛰기		
	5. 그네뛰기		
	6. 활개치기	① 활개치며 굽히기 ② 활개치며 펴기	
	7. 깨끼뛰기	① 앞으로 깨끼발뛰기 ② 뒤로 깨끼발뛰기 ③옆으로 깨끼발뛰기 ④비껴 깨끼발뛰기	

〈앉고 서는 동작〉

부분	동작	세부유형	비고
앉고 서는 동작	1. 제자리 앉기		
	2. 전주며 앉기		
	3. 돌아 앉기	① 온 바퀴 돌아 앉기 ② 본 바퀴 돌아 앉기	
	4. 뛰며 돌아 앉기	① 뛰며 온 바퀴 돌아 앉기 ② 뛰며 반 바퀴 돌아 앉기	
	5. 옮겨 앉기	① 앞으로 옮겨 앉기 ② 옆으로 옮겨 앉기 ③ 앉아서 뒤로 옮겨 가기	
	6. 앉아서 옮겨 가기	① 앉아서 온 바퀴 옮겨가기 ② 앉아서 반 바퀴 옮겨가기	
	7. 앉아서 돌아 가기	① 앉아서 온 바퀴 돌아가기 ② 안장서 반 바퀴 돌아가기	
	8. 엉덩방아	① 제자리 엉덩방아 ② 외발 엉덩방아 ③ 엉덩방아 돌기	
	9. 주저 앉기		
	10. 주저 앉아 물결 타기	① 주저 앉아 전주며 물결 타기 ② 주저 앉아 활개 펴고 물결 타기	
	11. 엎어 비비기		
	12. 엎어 먹기		
	13. 제자리 서기 제자리		
	14. 전주며 서기		

〈 무당춤, 농악무용, 탈춤 〉

춤	종류	사위
1. 무당춤	진도무무	바람막이 꽃봉우리 좌우치기 회오리 바람 태극 무늬
	동해안무무	양사우 치기 겨드랑이 무관 비빔 무관 도리깨 무관
	경기무무 서울무무 서울북무무 청주무무	부정놀이 딛음 도드림 신칼돌림 한말돋음 두발돋음 칼 위둘리기 회무 상하 치기 맴돌기
		어깨메고 뿌림 걸치기와 뿌림 신 맞이
2. 농악무용	상쇠의 부포놀이	외사 양사 사사 8상 퍼 넘기기 전조시 꾀꼬리 상모 삽치기 배미르기

춤	종류	사위
		돗대치기 북판치기 이슬털이
	소고놀이	소고 앞뒷면 치기 물푸기 앉아 소고 앞뒷면 치기 벌려 겹치기 팔걸이 사채 맺는 상 사사 지게북 앉은 상 나비상 차고 앉은 상 마상개 연풍대 가래틀고 앉은 상 자반뛰기
3. 탈춤	봉산탈춤의 목중춤	불림 고개잡이 다리들기 제자리 걸음 외사위 겹사위 양사위 앉아 뛰기 앉아 뛰기 겹사위 연풍대 까치 걸음

〈농악무용, 범무〉

<table>
<tr><th>춤</th><th>종류</th><th>사위</th><th>춤</th><th>종류</th><th>사위</th></tr>
<tr><td rowspan="6"></td><td rowspan="2">봉산 탈춤의 취발이 춤</td><td rowspan="2">드림 사위
걷기 사위
근경
돌림
허리재기
발뛰기
너울진</td><td rowspan="3"></td><td></td><td>깨끼리 1번
깨끼리 2번</td></tr>
<tr><td rowspan="2">송파산대의 첫 상좌 춤</td><td rowspan="2">합장재배
팔뚝잡이
몰아치기
덜이잡이
거울보기</td></tr>
<tr><td rowspan="2">강령 탈춤의 말뚝이춤</td><td rowspan="2">우방진과 좌방진
외우방진과 회좌방진
곱사위
곤장차기
외발뛰기
얼으기
코차기
고개잡이
세워뛰기
싸움사위
채찍놀음
이마치기
앉아뛰기
외돌사위</td></tr>
<tr><td rowspan="3">4. 범무</td><td rowspan="3">오광대와 야유의 덧배기춤 나비춤의 향하계 사방요신</td><td rowspan="3">얼음새
배김새
푸름새
손 모으기
꽃봉우리
팔벌리기
동쪽 보고 손 모으기
학채
팔 벌리고 발 내리기
서쪽 보고 연꽃치기
북쪽 보고 연꽃치기
손 모아 상하로 얼으기
앉으면서 손 흔들기
앉아서 손 흔들기
앉아서 팔 벌리기
앉아서 서쪽 보고 연꽃치기
앉아서 북쪽 보고 연꽃치기
앉아서 동쪽 보고 연꽃치기
앉아서 남쪽 보고 연꽃치기
일어서며 손 모으기</td></tr>
<tr><td>양주산대의 거드름춤</td><td>팔뚝잡이
사방치기
용트림
꺼뜩이
활개펴기
곱사위</td></tr>
<tr><td>송파산대의 깨끼춤</td><td>건드렁 화장무
자진화장무
여다지
긴여다지
곱사위
멍석말이
팔뚝잽이
거울보기</td></tr>
</table>

〈승무〉

춤	종류	사위
	나비춤의 도랑계	꽃치기 팔 버리기 회무 좌우로 연꽃치기 꽃 들고 손 모으기
	바라춤	성두상배 성두상환제 번개요잡 환희상배 두후상환제
	법고춤	목어당상후오통 목어당상초오통 엱치기 북돌려 치기 무릎 굽혀 펴기 양 손 발 사이 마주치기 북 얼으기 북 얼으면서 회전 뒷북치기 팔 벌리고 회전 북 가락치기 合掌
5. 僧舞	이매방의 승무	모음 몸통 비틀기 팔 올리기 팔 내리기 팔 일자펴기
		비스듬히 펴기 무동작 몸 돌리기 비정비인 활개 펴기 학채 꼬리치기 감기 한 발 들기 펴 넘기기 걸치기 연풍대 꼬아서 뿌림 던져서 뿌림 옆뿌림 젖는 뿌림 돌려서 뿌림 감아서 뿌림 뛰어서 뿌림 앞으로 뿌림 뒤로 뿌림 완자 걸이 잉어 걸이 비딛음 안가랑 까치걸음
	한영숙의 승무	모음 몸통 비틀기 팔 올리기 팔 내리기 팔 일자 펴기 비스듬히 펴기 몸 돌림 활개 펴기 학채

〈살풀이 춤〉

춤	종류	사위	춤	종류	사위
		꼬리 치기 한 발 들기 퍼 넘기기 걸치기 여미는 사위 팔 휘돌리기 지수기 옆으로 뿌림 비껴 밑으로 뿌림 상하로 뿌림 위로 뿌림 꼬아서 뿌림 뒤로 젖혀 뿌림 앞으로 뿌림 감고 푸는 뿌림 던지는 뿌림			던져 뿌리는 사위 꼬리 치기 펴는 사위 공그리는 사위 모으는 사위 용꼬리 사위 □는 사위 무동작 쌍사위 감는 사위 낙엽 사위 날개 사위 엇딛는 사위 멈추는 사위 빙글 도는 사위 뱅글 도는 사위 걸어 도는 사위 옆 사위 잉어 걸이 완자 걸이 까치 걸음 뒷걸음 사위 엎으는 사위 다루치기 목적 놀이 방아사위
6. 살풀이	김숙자의 살풀이춤	평사위 비껴든 사위 얹는 사위 끼는 사위 활사위 학사위 여미는 사위 엎어 뿌리는 사위		이매방의 살풀이춤	평사위 걸치기 지숫는 사위 안가랑

〈홀춤, 제례무용〉

춤	종류	사위	춤	종류	사위
		휘젓는 사위 맺는 사위 채는 사위 펴는 사위 비겨든 사위 수건 휘날리기 꼬리 치기 수건 돌리기 뒤로 회무 어르는 사위 앞으로 뿌림 뒤로 젖혀 뿌림 빙글 도는 사위 뱅글 도는 사위 잉어 걸이 완자 걸이 까치 걸음 비딛음			양수부견 양수하수 양수환학 복파 접견 하견 견파 할협 양수 인슬 인흉 점복 서직지 편직지 추후 추전
7. 홀 춤	일자펴기 보랫대춤 깨끔춤				
8. 일 무 제 례 무 용	문무인 경우	합흉 하수 점흉 외학 학견 중복 환학 외휘 점유		무무인 경우	발검 발비 신비 환비 타견 번검 번거 점슬 할검 할학 절번 외파 후불 거휘

〈처용무, 정재무〉

<table>
<tr><th>춤</th><th>종류</th><th>사위</th><th>춤</th><th>종류</th><th>사위</th></tr>
<tr><td></td><td></td><td>양수
하견
슬상내휘
전수
접견하
복비
극공
인슬
복검
복학
슬파
궤좌슬
기립
하슬
점슬</td><td rowspan="3"></td><td rowspan="3"></td><td rowspan="3">수양수오방무 1
수양수오방무 2
낙화유수 1
낙화유수 2
검수
도수아
회
이수고저
후불
팔수무
무작
비리
공집
대수
사예거
쌍불
일불
소전
사전접요
이요
좌수
접두
궤
부복
외수거
내수거
소수거
수수무</td></tr>
<tr><td>9. 처용무</td><td></td><td>평진
우학수
좌학수
전배
상향
상배
발바딧 춤1
발바딧 춤 2
산작화무 1
산작화무 2
산작화무 3</td></tr>
<tr><td>10 정재무</td><td></td><td>산작화무 4
좌족회무 1
좌족회무 2
좌족회무 3</td></tr>
</table>

〈춤사위〉

종류	동래야유	수영야유	고성 오광대	동영 오광대	비고
춤 사 위	1. 비껴든 사위 2. 뛰는 사위 3. 한 발 든 사위 4. 팔 내리는 사위 5. 발 굽히는 사위 6. 얹는 사위 7. 끼는 사위 8. 평사위 9. 반회전 사위	1. 평사위 2. 딛음 사위 3. 앞걸음 사위 4. 팔 내리는 사위 5. 한 발 든 사위 6. 끼는 사위 7. 얹는 사위 8. 뛰는 사위 9. 발 굽히는 사위 10. 반회전 사위	1. 평사위 2. 딛음 사위 3. 팔 내리는 사위 4. 한 발 든 사위 5. 끼는 사위 6. 얹는 사위 7. 뛰는 사위 8. 발 굽히는 사위 9. 팔 올린 사위 10. 목놀이 사위 11. 반회전 사위	1. 한 발 든 사위 2. 얹은 사위 3. 뛰는 사위 4. 발 굽히는 사위 5. 목놀이 사위 6. 좌우치기 사위	

〈춤사위〉

부분	진주검무	통영검무	해주검무	비고
춤사위	1. 팔 일자펴기 2. 배 맞추기 3. 상원무 4. 내향무 5. 교차무 6. 배향무 7. 숙인 사위 8. 옴칠 사위 9. 한삼 뿌릴 사위 10. 한삼 쌍우리 11. 맨손 쌍우리 12. 제자리 어름 13. 한삼 던질 사위 14. 맨손 입춤(오른손) 15. 맨손 입춤(왼손) 16. 손목 떨구기 17. 방석 돌이 18. 위엄 사위 19. 진퇴 20. 윗사위 21. 옆사위 22. 돌림사위 23. 어름사위 24. 걷기 25. 쾌자 걸음 26. 뿌릴 사위 어름 27. 한 발 들고 한 칼 뿌리기 28. 제자리 어름 29. 연풍대 30. 양 칼 윗사위 연풍대 31. 외칼, 양칼 연풍대	1. 걸음 발사위 2. 인사태 3. 쌍오리 4. 먹음사위 5. 잦은 사위 6. 잦은 겨드랑 사위 7. 모둠 겨드랑 사위 8. 모둠 사위 9. 칼 어름 사위 10. 머릿 사위 11. 좌우 돌림 사위 12. 손 춤 13. 어깨춤 사위 14. 외팔 돌림 사위 15. 진격태 16. 연풍대 1, 2, 3, 4 형	1. 부채 사위 2. 양 팔 당길 사위 3. 한 팔 당길 사위 4. 얹은 사위 5. 도는 사위 6. 엎드려 땅 짚기 7. 양 손 땅 짚고 어른다 8. 전립 잡고 손돌리기 9. 옆사위(칼춤사위) 10. 뺄 사위 11. 번개사위 12. 떡미사위 13. 돌림사위 14. 머리윗사위 15. 감은 사위 16. 모든 뺄 사위 17. 좌우 치기 18. 외칼 연풍대 19. 외칼 쌍칼 연풍대 20. 양칼 땅짚는 연풍대 21. 어르는 사위 22. 한 발 들고 뿌리기 23. 반절	

VII

무형문화재의 이해

무형문화재는 단어의 정의 그대로 형태가 지속적으로 존재하지 않으며, 인간을 통해 순간적으로 표현되는 역사적, 예술적 가치가 높은 소산을 말한다. 형체가 없는 표현의 영역임으로 최고의 기능을 가지고 있는 사람을 지정한다.

우리나라에서 무형문화재는 1964년에 처음 지정되었으며 '문화재 보호법'에 의거하여 문화재위원회의 자문을 거쳐 지정되고 보호된다. 이 중 무용은 현재까지 모두 36종이 지정되었으며 1967년 진주검무가 중요무형문화재 제12호로 지정되었다.

많은 분야의 무형 문화재 중 본 서에서는 무용에서 지정된 중요무형문화재를 비롯하여 무용과 관련이 있는 연희, 의식(굿), 음악 분야에서의 중요무형문화재를 알아보았다.

01

무용분야

무용분야의 중요 무형 문화재는 총 36개로 종류별, 지역별, 연도별로 분석해 보면 다음과 같다.

〈중요무형문화재 - 무용(36)〉

연번	종목	명칭(한자)	지역	소재지	관리자(단체)	지정일
1	중요무형문화재 제12호	진주검무 [晋州劍舞]	경남 진주시	경상남도 진주시	진주 검무보존회	1967-01-16
2	중요무형문화재 제21호	승전무 [勝戰舞]	경남 통영시	경상남도 통영시	승전무 보존회	1968-12-21
3	중요무형문화재 제27호	승무 [僧舞]	경기 경기전역	경기도		1969-07-04
4	중요무형문화재 제39호	처용무 [處容舞]	서울 서울전역	서울특별시	처용무보존회	1971-01-08
5	중요무형문화재 제40호	학연화대합설무 [鶴蓮花臺合設舞]	서울 서울전역	서울특별시	학연화대합 설무 보존회	1971-01-08
6	중요무형문화재 제92호	태평무 [太平舞]	기타	기타		1988-12-01
7	중요무형문화재 제97호	살풀이춤	기타	기타		1990-10-10

8	서울특별시시도 무형문화재 제45호	한량무	서울 성북구			2014-05-15
9	서울특별시시도 무형문화재 제46호	살풀이춤	서울 중구			2015-01-29
10	인천광역시시도 무형문화재 제10-1호	범패와 작법무(바라춤) [梵唄와 作法舞 (바라춤)]	인천 남구			2002-02-04
11	인천광역시시도 무형문화재 제10-2호	범패와 작법무(나비춤) [梵唄와 作法舞 (나비춤)]	인천 남구			2002-02-04
12	대전광역시시도 무형문화재 제15호	승무 [僧舞]	대전 동구	대전 동구 산내로 1232 (구도동)		2004-04-30
13	대전광역시시도 무형문화재 제20호	살풀이춤	대전 중구			2012-05-18
14	대전광역시시도 무형문화재 제21호	입춤	대전 중구			2012-05-18
15	대구광역시시도 무형문화재 제2호	날뫼북춤	대구 서구	대구 달서구 도원로 45, 411동 601호 (도원동, 강산타운아파트)		1984-07-25
16	대구광역시시도 무형문화재 제9호	살풀이춤	대구 동구			1995-05-12
17	대구광역시시도 무형문화재 제18호	정소산류 수건춤	대구 중구			2015-05-11

18	부산광역시시도 무형문화재 제3호	동래학춤 [東萊鶴춤]	부산 동래구			1972-09-19
19	부산광역시시도 무형문화재 제10호	동래고무 [東萊鼓舞]	부산 동래구			1993-12-31
20	부산광역시시도 무형문화재 제14호	동래한량춤 [東萊閑良춤]	부산 동래구			2005-12-27
21	경기도시도 무형문화재 제8호	승무, 살풀이춤 [僧舞, 살풀이춤]	경기 수원시	경기 수원시 장안구 장안구		1991-10-19
22	경기도시도 무형문화재 제34호	안성향당무 [安城香堂舞]	경기 안성시	경기 안성시 미양면 개정리 467번지		2000-08-21
23	경기도시도 무형문화재 제52호	퇴계원산대놀이	경기 남양주시	남양주시 퇴계원 면 도제원로17		2010-08-02
24	충청남도시도 무형문화재 제26호	서산박첨지놀이 [瑞山박첨지 놀이]	충남 서산시	충남 서산시 음암면 탑곡리 333번지		2000-01-11
25	충청남도시도 무형문화재 제27호	승무 [僧舞]	충남 서산시	충남 서산시 석 림4로 83, 303동 1106호 (석림동, 신주공아파트)		2000-01-11
26	전라북도시도 무형문화재 제15호	호남살풀이춤 (동초수건춤, 최정철) [湖南살풀이춤]	전북 전주시			1996-03-29
27	전라북도시도 무형문화재 제17호	민속무 (한량무) [民俗舞 (閑良舞)]	전북 전주시	전북 전주시 완 산구 전주객사3 길 49 (고사동)		1998-01-09

28	전라북도시도 무형문화재 제44호	한량춤 (한량무, 김무철)	전북 전주시			2011-09-30
29	전라북도시도 무형문화재 제47호	호남산조춤 (산조춤, 이길주)	전북 익산시			2013-05-24
30	전라북도시도 무형문화재 제48호	예기무 (교방무, 김광숙)	전북 전주시			2013-05-24
31	경상남도시도 무형문화재 제3호	한량무 [閑良舞]	경남 진주시	경남 진주시 도동로215번길 15-4, 외 7소재지 (하대동)		1979-05-02
32	경상남도시도 무형문화재 제12호	진주포구락무 [晋州抛毬樂舞]	경남 진주시	경남 진주시 촉석로27번길 7-2 (이현동)		1991-12-23
33	경상남도시도 무형문화재 제21호	진주교방굿거리춤 [晋州敎坊굿거리춤]	경남 진주시	경남 진주시 진양호로125번길 6, 207동 207호 (평거동,주공2차아파트)		1997-01-30
34	경상북도시도 무형문화재 제31호	자인계정들소리 [慈仁桂亭들소리]	경북 경산시	자인면 서부리 3-2		2005-07-28
35	평안무형문화재 제1호	평양검무	평안남도 전역			2001-02-23
36	황해무형문화재 제4호	화관무	황해도 전역			2011-08-01

상기와 같이 무용분야에서의 무형문화재의 종류는 살풀이 6, 승무 4, 한량무 4, 검무 2, 범패와 작법 2, 승전무 1, 처용무 1, 학연화대합설무 1, 태평무 1, 날뫼북춤 1, 동래학춤 1, 동래고무 1, 진주 포구락무 1, 정소한류 수건춤 1, 입춤 1, 교방 굿거리 1, 서산 박첨지 놀이 1, 자인계정들소리 1, 안성 향당무 1, 호남 산조춤 1, 예기무 1, 퇴계원 산대놀이 1, 화관무 1로 나타났다.

02

연희분야

연희분야의 무형문화재는 모두 20개로 1964년 처음 지정될 때, 중요무형문화재 제2호 양주별산대놀이, 제3호 남사당놀이, 제6호 통영오광대, 제7호 고성오광대놀이가 지정되었다. 이 중 제3호인 남사당놀이와 1973년 지정된 중요무형문화재 제50호 영산재가 2009년 유네스코 인류무형문화유산으로 지정되었다. 연희분야의 중요무형문화재는 다음과 같다.

〈중요무형문화재 - 연희(20)〉

연번	종목	명칭	지역	소재지	관리자(단체)	지정일
1	중요무형문화재 제2호	양주별산대놀이 [楊州別山臺놀이]	경기 양주시	경기도 양주시	양주별산대놀이 보존회	1964-12-07
2	중요무형문화재 제3호	남사당놀이 [男寺黨놀이]	서울 서울 전역	서울특별시	남사당놀이 보존회	1964-12-07
3	중요무형문화재 제6호	통영오광대 [統營五廣大]	경남 통영시	경상남도 통영시	통영오광대 보존회	1964-12-24
4	중요무형문화재 제7호	고성오광대 [固城五廣大]	경남 고성군	경상남도 고성군	고성오광대 보존회	1964-12-24
5	중요무형문화재 제15호	북청사자놀음 [北青獅子놀음]	서울 서울 전역	서울특별시	북청사자놀음 보존회	1967-03-31

6	중요무형문화재 제17호	봉산탈춤 [鳳山탈춤]	서울 서울 전역	서울특별시	봉산탈춤 보존회	1967-06-16
7	중요무형문화재 제18호	동래야류 [東萊野遊]	부산 동래구	부산광역시 동래구	동래야류 보존회	1967-12-21
8	중요무형문화재 제34호	강령탈춤 [康翎탈춤]	서울 서울 전역	서울특별시	강령탈춤 보존회	1970-07-22
9	중요무형문화재 제43호	수영야류 [水營野遊]	부산 수영구	부산광역시 수영구	수영야류 보존회	1971-02-24
10	중요무형문화재 제49호	송파산대놀이 [松坡山臺놀이]	서울 송파구	서울특별시 송파구	송파산대놀이 보존회	1973-11-11
11	중요무형문화재 제58호	줄타기	경기 과천시	경기도 과천시		1976-06-30
12	중요무형문화재 제61호	은율탈춤 [殷栗탈춤]	인천 남구	인천광역시 남구	은율탈춤 보존회	1978-02-23
13	중요무형문화재 제69호	하회별신굿탈놀이 [河回別神굿탈놀이]	경북 안동시	경상북도 안동시	하회별신굿 탈놀이보존회	1980-11-17
14	중요무형문화재 제73호	가산오광대 [駕山五廣大]	경남 사천시	경상남도 사천시	가산오광대 보존회	1980-11-17
15	중요무형문화재 제79호	발탈	기타	기타		1983-06-01
16	중요무형문화재 제81호	진도다시래기	전남 진도군	전라남도 진도군	진도다시래기 보존회	1985-02-01
17	경상남도시도 무형문화재 제1호	고성오광대 [固城五廣大]	경남 경남 전역	경남 경남전역		1964-01-01
18	경상남도시도 무형문화재 제27호	진주오광대 [晉州五廣大]	경남 진주시	경남 진주시 봉곡동 445-1번지		2003-06-12

19	경상남도시도 무형문화재 제 37호	김해오광대 [金海五廣大]	경남 김해시			2015-03-05
20	평안무형문화재 제2호	평안도 향두계놀이	평안남도 전역			2009-08-18

상기와 같이 연희분야의 중요무형문화재는 오광대가 6, 탈춤(봉산, 강령, 은율) 3, 양주 별산대놀이 1, 남사당 놀이 1, 북청사자놀음 1, 동래야류 1, 수영야류 1, 송파산대놀이 1, 줄타기 1, 하회별신굿 탈놀이 1, 발탈 1, 평안도 향두계놀이 1로 나눌 수 있다. 지역별로는 경남 6, 서울 5, 부산 2, 경기도 2, 경북 1, 인천 1, 전남 1, 평안남도 1, 기타 1로 나눌 수 있으며 중부와 경남지역에 빌집되어 있음을 알 수 있다. 연도별로는 1960년대 8, 1970년대 5, 1980년대 4, 2000년대 1, 2015년 1개로 1960 ~ 1980년대까지 20개의 무형문화재 중 17개가 지정되었으며 이후 점차 감소 하고 2000년대 이후 3개가 지정되었음을 알 수 있다.

03

의식분야

의식분야의 무형문화재는 굿과 연관된 의식이라 할 수 있다. 가정 먼저 지정된 것은 중요무형무화재 제9호인 은산별신제와 제13호인 강릉단오제이며 강릉단오제는 2005년 유네스코 인류무형문화유산에 등재되었다. 의식분야에서 중요무형문화재는 모두 76개이며 그 종류는 다음과 같다.

〈중요무형문화재 - 의식(76)〉

연번	종목	명칭	지역	소재지	관리자(단체)	지정일
1	중요무형문화재 제9호	은산별신제 [恩山別神祭]	충남 부여군	충청남도 부여군	은산별신제 보존회	1966-02-15
2	중요무형문화재 제13호	강릉단오제 [江陵端午祭]	강원 강릉시	강원도 강릉시	강릉단오제 보존회	1967-01-16
3	중요무형문화재 제44호	경산자인단오제 [慶山慈仁端午祭]	경북 경산시	경상북도 경산시	경산자인단오제 보존회	1971-03-16
4	중요무형문화재 제50호	영산재 [靈山齋]	서울 서대문구	서울특별시 서대문구	영산재보존회	1973-11-05
5	중요무형문화재 제56호	종묘제례 [宗廟祭禮]	서울 종로구	서울특별시 종로구	종묘제례 보존회	1975-05-03
6	중요무형문화재 제70호	양주소놀이굿 [楊州소놀이굿]	경기 양주시	경기도 양주시	양주소놀이굿 보존회	1980-11-17

7	중요무형문화재 제71호	제주칠머리당영등굿 [濟州칠머리당영등]	제주 제주시	제주특별자치도 제주시	제주칠머리당영등굿보존회	1980-11-17
8	중요무형문화재 제72호	진도씻김굿 [珍島씻김굿]	전남 진도군	전라남도 진도군	진도씻김굿 보존회	1980-11-17
9	중요무형문화재 제82-1호	동해안별신굿 [東海岸別神굿]	부산 기장군	부산광역시 기장군		1985-02-01
10	중요무형문화재 제82-2호	서해안배연신굿 및대동굿 [西海岸배연신굿 및 大同굿]	인천 인천전역	인천광역시	서해안배연신굿및대동굿보존회	1985-02-01
11	중요무형문화재 제82-3호	위도띠뱃놀이 [蝟島띠뱃놀이]	전북 부안군	전라북도 부안군	위도띠뱃놀이 보존회	1985-02-01
12	중요무형문화재 제82-4호	남해안별신굿 [南海岸別神굿]	경남 통영시	경상남도 통영시	남해안별신굿 보존회	1987-07-01
13	중요무형문화재 제85호	석전대제 [釋奠大祭]	서울 종로구	서울특별시 종로구	석전대제 보존회	1986-11-01
14	중요무형문화재 제90호	황해도평산소놀음굿 [黃海道平山소놀음굿]	인천 인천 전역	인천광역시	황해도평산소 놀음굿 보존회	1988-08-01
15	중요무형문화재 제98호	경기도도당굿 [京畿道都堂굿]	경기 경기 전역	경기도	경기도도당굿 보존회	1990-10-10
16	중요무형문화재 제104호	서울새남굿 [서울새남굿]	서울 서울 전역	서울특별시	서울새남굿 보존회	1996-05-01
17	중요무형문화재 제111호	사직대제 [社稷大祭]	서울 종로구	서울특별시 종로구	사직대제 보존회	2000-10-19
18	중요무형문화재 제123호	법성포단오제 [法聖浦端午祭]	전남 영광군	전라남도 영광군	(사) 법성포단오 보존회	2012-07-23

19	중요무형문화재 제126호	진관사 수륙재 [津寬寺 水陸齋]	서울 은평구	서울특별시 은평구	진관사 국행수륙재 보존회	2013-12-31
20	서울특별시시도 무형문화재 제 20호	남이장군사당제 [남이장군사당제]	서울 종로구			1999-07-01
21	서울특별시시도 무형문화재 제 27호	궁중다례의식 [宮中茶禮儀式]	서울 종로구			2001-12-20
22	서울특별시시도 무형문화재 제 33호	행당동아기씨당굿	서울 성동구			2005-01-10
23	서울특별시시도 무형문화재 제 34호	봉화산도당굿	서울 중랑구			2005-01-10
24	서울특별시시도 무형문화재 제 35호	밤섬부군당도당굿	서울 마포구			2005-01-10
25	서울특별시시도 무형문화재 제 42호	삼각산 도당제 [三角山 都堂祭]	서울 강북구			2010-11-04
26	인천광역시시도 무형문화재 제8호	강화 외포리 곶창굿 [江華 外浦里 곶창굿]	인천 남구			1997-07-14
27	인천광역시시도 무형문화재 제11호	규방다례 [閨房茶禮]	인천 남구			2002-12-23
28	인천광역시시도 무형문화재 제 15호	인천수륙재 [仁川水陸齋]	인천 남구			2004-04-06
29	인천광역시시도 무형문화재 제 16호	인천근해 도서지방 상여소리 [仁川近海 島嶼地方 喪輿소리]	인천 남구			2006-01-23

30	인천광역시시도 무형문화재 제 24호	꽃맞이굿	인천 남구			2013-04-30
31	대전광역시시도 무형문화재 제2호	대전의앉은굿 [大田의앉은굿]	대전 중구	대전 중구 대전천서로 349-12 (문창동)		1994-06-07
32	대전광역시시도 무형문화재 제4호	유천동산신제 [柳川洞山神祭]	대전 중구	대전 중구 유천동 유천로 33번길 56	산신제보존회	1997-01-09
33	대전광역시시도 무형문화재 제5호	장동산디마을탑제 [長洞산디마을塔祭]	대전 대덕구	대전 대덕구 장동 산디마을		1998-07-21
34	대전광역시시도 무형문화재 제 19호	무수동산신제 [無愁洞山神祭]	대전 중구	운남로 90 운남로 90		2011-10-28
35	부산광역시시도 무형문화재 제5호	충렬사제향 [忠烈祠祭享]	부산 동래구			1979-02-02
36	부산광역시시도 무형문화재 제9호	부산영산재 [釜山靈山齋]	부산 사상구	부산 사상구 백양대로950번나길 80-42 (모라동)	부산 불교어산회	1993-04-20
37	부산광역시시도 무형문화재 제 18호	부산 고분도리걸립	부산 서구			2011-03-26
38	부산광역시시도 무형문화재 제 23호	부산 기장 오구굿	부산 기장군			2014-01-01
39	울산광역시시도 무형문화재 제2호	일산동당제 (별신굿) [日山洞堂祭(別神굿)]	울산 동구			2003-04-24

40	제주특별자치도 시도무형문화재 제13호	제주큰굿 [濟州큰굿]	제주 제주시	제주 제주시 구좌읍 행원로8길 14 (행원리)		2001-08-16
41	제주특별자치도 시도무형문화재 제15호	제주불교의식 [濟州佛敎儀式]	제주 제주시	제주 제주시 애월읍 신엄안2길 17 (신엄리)		2002-05-08
42	경기도시도 무형문화재 제 15호	구리갈매동도당굿 [九里葛梅洞都堂굿]	경기 구리시	경기 구리시 갈매동 갈매동	구리시	1995-08-07
43	강원도시도 무형문화재 제 22호	영월 단종제례 [寧越 端宗祭禮]	강원 영월군			2011-04-22
44	강원도시도 무형문화재 제 25호	양양 수동골상여소리	강원 양양군			2013-04-12
45	충청남도시도 무형문화재 제8호	공주탄천장승제 [公州灘川長丞祭]	충남 공주시	충남 공주시 탄천면 송학리		1989-12-29
46	충청남도시도 무형문화재 제9호	청양정산동화제 [靑陽定山洞火祭]	충남 청양군	충남 청양군 정산면 송학리		1989-12-29
47	충청남도시도 무형문화재 제 12호	황도붕기풍어제 [黃島붕기豊漁祭	충남 태안군	충남 태안군 안면읍 황도리 24번지		1991-07-09
48	충청남도시도 무형문화재 제 16호	금산물페기농요 [錦山물페기農謠]	충남 금산군	충남 금산군 부리면 평촌리 569번지		1992-08-17
49	충청남도시도 무형문화재 제 22호	부여용정리상여소리 [扶餘龍井里喪輿소리]	충남 부여군		하운	1997-12-23

50	충청남도시도 무형문화재 제23호	공주봉현리상여소리 [公州鳳峴里喪輿소리]	충남 공주시	충남 공주시 우성면 봉현리 56번지	박관봉	1997-12-23
51	충청남도시도 무형문화재 제29호	내지리단잡기 [내지리丹잡기]	충남 부여군			2000-01-11
52	충청남도시도 무형문화재 제32호	금산농바우끄시기 [錦山농바우끄시기]	충남 금산군	충남 금산군 부리면 평촌리 413번지		2000-09-20
53	충청남도시도 무형문화재 제35호	당진안섬당제 [唐津안섬당제]	충남 당진시	충남 당진군 송악읍 고대리 안섬마을		2001-06-30
54	충청남도시도 무형문화재 36호	홍성수룡동당제 [洪城水龍洞堂祭]	충남 홍성군	충남 홍성군 서부면 판교리 911번지		2003-10-30
55	충청남도시도 무형문화재 제40호	내포영산대재 [內浦靈山大齋]	충남 예산군	삽교읍 도청대로 835-45 법륜사 삽교읍 도청대로 835-45 법륜사		2008-02-29
56	충청남도시도 무형문화재 제45호	공주 의당 집터다지기	충남 공주시	의당면 청룡리 628		2013-03-11
57	충청남도시도 무형문화재 제49호	내포 앉은굿	충남 서산시			2013-12-02
58	충청북도시도 무형문화재 제8호	제천 오티별신제 [堤川 吾峙別神祭]	충북 제천시	충북 제천시 수산면 오티리		2001-02-03
59	충청북도시도 무형문화재 제20호	충청도 앉은굿 [忠淸道 앉은굿]	충북 청주시	상당구 용담동 248-12번지 상당구 용담동 248-12번지		2010-04-09

60	충청북도시도 무형문화재 제25호	단양 구인사 삼회향놀이 [丹陽 救仁寺 三廻向놀이]	충북 단양군			2012-05-11
61	전라남도시도 무형문화재 제43호	순천삼설양굿	전남 순천시	대룡동 577번지		2008-12-26
62	전라북도시도 무형문화재 제14호	시조창(완제, 박인수)	전북 전주시			2000-03-10
63	전라북도시도 무형문화재 제14-1호	시조창(완제, 오종수)	전북 전주시			2006-11-03
64	전라북도시도 무형문화재 제14-2호	시조창(완제, 임산본)	전북 전주시			1996-03-29
65	전라북도시도 무형문화재 제26호	전북의앉은굿(독경)(최갑선) [全北의앉은굿(讀經)]	전북 군산시	전북 군산시 부골2길 8-5 (조촌동)		2001-06-05
66	전라북도시도 무형문화재 제33호	호남당골굿(당골굿)(전금순)	전북 정읍시	옹동면 오성리 876 옹동면 오성리 876		2005-12-16
67	전라북도시도 무형문화재 제37호	고창오거리당산제보존회 [高敞오거리堂山第保存會]	전북 고창군			2007-07-27
68	전라북도시도 무형문화재 제38호	호남 넋풀이 굿(독경) (하진순)	전북 군산시	동흥남동 139 동흥남동 139		2007-10-10
69	경상남도시도 무형문화재 제11호	숭선전제례 [崇善殿祭禮]	경남 김해시			1990-12-20

70	경상남도시도 무형문화재 제22호	불모산영산재 [佛母山靈山齋]	경남 창원시	경남 창원시 마산합포구 서원곡1길 220, 백운사 (교방동)		2002-02-09
71	경상북도시도 무형문화재 제13호	상주민요 [尙州民謠]	경북 상주시	경북 상주시 초산동 235번지		1987-05-13
72	평안무형문화재 제2호	영변성황대제	평안북도 전역			2007-10-05
73	평안무형문화재 제3호	평안도 다리굿	평안북도 전역			2007-10-05
74	함경무형문화재 제1호	돈돌날이	함경남도 전역			1998-11-02
75	황해무형문화재 제1호	만구대탁굿	황해도 전역			2005-11-10
76	황해무형문화재 제5호	최영장군 당굿	황해도 전역			2011-08-01

상기와 같이 의식분야의 중요무형문화재는 도당굿 5, 산신제 5, 별신제 4, 영산제 4, 제주굿 3, 단오제 3, 시조창 3, 상여소리 2, 당굿 2, 소놀음굿 2, 수륙제 2, 앉은굿 2이며 그 외 의식은 각 1종류씩이었다. 지역별로는 서울 12, 충남 11, 전북 8, 인천 7, 대전 4, 충북 3, 부산 4 제주 3, 경남 3, 경기 3, 전남 3, 평안도 2, 경북 1, 울산동구 1, 강원 1, 함경도 1, 황해도 1개로 지정 되었다. 연도별로는 1960년대 2, 1970년대 4, 1980년대 9, 1990년대 11, 2000년대 27, 2010년대 13개가 지정되었으며 2000년대와 1990년대가 순서대로 많은 수가 지정 되었다.

04

음악분야

음악분야의 중요무형문화재는 총 175개로 종묘제례악이 전체 중요무형문화제 제1호로 1964년 지정되었다. 그 외의 음악분야 중요무형문화재는 다음과 같다.

〈중요무형문화재 - 음악(175)〉

연번	종목	명칭	지역	소재지	관리자(단체)	지정일
1	중요무형문화재 제1호	종묘제례악 [宗廟祭禮樂]	서울 서울 전역	서울특별시	종묘제례악 보존회	1964-12-07
2	중요무형문화재 제5호	판소리	기타	기타		1964-12-24
3	중요무형문화재 제11-1호	진주삼천포농악 [晋州三千浦農樂]	경남 사천시	경상남도 사천시	진주삼천포농악 보존회	1966-06-29
4	중요무형문화재 제11-2호	평택농악 [平澤農樂]	경기 평택시	경기도 평택시	평택농악 보존회	1985-12-01
5	중요무형문화재 제11-3호	이리농악 [裡里農樂]	전북 익산시	전라북도 익산시	이리농악 보존회	1985-12-01
6	중요무형문화재 제11-5호	임실필봉농악 [任實筆峰農樂]	전북 임실군	전라북도 임실군	임실필봉농악 보존회	1988-08-01
7	중요무형문화재 제11-6호	구례잔수농악 [求禮潺水農樂]	전남 구례군	전라남도 구례군	구례잔수농악 보존회	2010-10-21

8	중요무형문화재 제16호	거문고산조 [거문고散調]	서울 서울 전역	서울특별시		1967-06-16
9	중요무형문화재 제19호	선소리산타령 [선소리山打令]	서울 서울 전역	서울특별시	선소리산타령 보존회	1968-04-18
10	중요무형문화재 제20호	대금정악 [大笒正樂]	서울 은평구	서울특별시 은평구		1968-12-21
11	중요무형문화재 제23호	가야금산조및병창 [伽倻琴散調및倂唱]	기타	기타		1968-12-21
12	중요무형문화재 제29호	서도소리 [西道소리]	기타	기타		1969-09-27
13	중요무형문화재 제30호	가곡 [歌曲]	기타	기타		1969-11-10
14	중요무형문화재 제36호	판소리심청가 [판소리沈淸歌]	서울 서울 전역	서울특별시		1970-07-22
15	중요무형문화재 제41호	가사 [歌詞]	서울 서울 전역	서울특별시		1971-01-08
16	중요무형문화재 제45호	대금산조 [大笒散調]	기타	기타		1971-03-16
17	중요무형문화재 제51호	남도들노래 [南道들노래]	전남 진도군	전라남도 진도군	남도들노래 보존회	1973-11-05
18	중요무형문화재 제52호	시나위	서울 서울 전역	서울특별시		1973-11-05
19	중요무형문화재 제57호	경기민요 [京畿民謠]	경기 경기전역	경기도		1975-07-12

20	중요무형문화재 제59호	판소리고법 [판소리鼓法]	서울 서울전역	서울특별시		1978-02-02
21	중요무형문화재 제83-1호	구례향제줄풍류 [求禮鄕制줄風流]	전남 구례군	전라남도 구례군	구례향제줄풍류 보존회	1985-09-01
22	중요무형문화재 제83-2호	이리향제줄풍류 [裡里鄕制줄風流]	전북 익산시	전라북도 익산시	이리향제줄풍류 보존회	1985-09-01
23	중요무형문화재 제84-1호	고성농요 [固城農謠]	경남 고성군	경상남도 고성군	고성농요 보존회	1985-12-01
24	중요무형문화재 제84-2호	예천통명농요 [醴泉通明農謠]	경북 예천군	경상북도 예천군	예천통명농요 보존회	1985-12-01
25	중요무형문화재 제95호	제주민요 [濟州民謠	제주 제주도	제주특별자치도		1989-12-01
26	중요무형문화재 제129호	아리랑	기타			2015-09-22
27	서울특별시시도 무형문화재 제 21호	휘몰이잡가	서울 종로구			1999-07-01
28	서울특별시시도 무형문화재 제 22호	마들농요 [마들農謠]	서울 노원구			1999-12-07
29	서울특별시시도 무형문화재 제 24호	초적 [草笛]	서울 광진구			2000-04-20
30	서울특별시시도 무형문화재 제 25호	판소리고법 [판소리고법]	서울 서초구			2001-10-23
31	서울특별시시도 무형문화재 제 32호	판소리	서울 중구			2004-01-15

32	서울특별시시도 무형문화재 제 38호	재담소리	서울 동작구			2008-03-27
33	서울특별시시도 무형문화재 제39호	아쟁산조	서울 도봉구			2009-03-05
34	서울특별시시도 무형문화재 제41호	송서 [誦書]	서울 도봉구			2009-03-05
35	서울특별시시도 무형문화재 제43호	경제어산 [京制魚山]	서울 강서구			2013-01-03
36	서울특별시시도 무형문화재 제44호	삼현육각 [三絃六角]	서울 동작구			2014-05-15
37	인천광역시시도 무형문화재 제1호	삼현육각 [三絃六角]	인천 남구			1985-10-23
38	인천광역시시도 무형문화재 제3호	인천근해 갯가노래 뱃노래 [仁川近海 갯가노래 뱃노래]	인천 남구			1988-12-24
39	인천광역시시도 무형문화재 제4호	대금정악 (대풍류 · 대금) [大笒正樂 (竹風流 · 大笒)]	인천 남구			1989-12-28
40	인천광역시시도 무형문화재 제5호	주대소리	인천 남구			1992-05-29
41	인천광역시시도 무형문화재 제7-1호	가곡(남창) [歌曲(男唱)]	인천 남구			1995-11-18
42	인천광역시시도 무형문화재 제7-2호	가곡(여창) [歌曲(女唱)]	인천 남구			2006-10-30

43	인천광역시시도 무형문화재 제 12호	강화 용두레질소리[江華 용두레 질소리]	인천 강화군			2003-11-10
44	인천광역시시도 무형문화재 제18호	서곶들노래	인천 서구			2008-12-15
45	인천광역시시도 무형문화재 제19호	갑비고차농악 [甲比古次農樂	인천 강화군			2008-12-15
46	인천광역시시도 무형문화재 제20호	휘모리잡가 [휘모리雜家]	인천 남구			2008-12-15
47	인천광역시시도 무형문화재 제21호	경기12잡가 [京畿十二雜歌]	인천 남구			2009-03-30
48	인천광역시시도 무형문화재 제23호	판소리 · 고법 [판소리 · 鼓法]	인천 남구			2013-04-30
49	대전광역시시도 무형문화재 제1호	웃다리농악 [웃다리農樂]	대전 유성구	대전 대덕구 엑스포로 216		1989-03-18
50	대전광역시시도 무형문화재 제13호	들말두레소리	대전 대덕구	대전 대덕구 대덕대로1448번길 120 (신일동)		2002-12-30
51	대전광역시시도 무형문화재 제14호	가곡(여창가곡) [歌曲(女唱歌曲)]	대전 중구			2002-12-30
52	대전광역시시도 무형문화재 제17호	판소리고법(박근영) [판소리鼓法(朴根永)]	대전 중구			2008-04-11
53	대전광역시시도 무형문화재 제22호	판소리 춘형가	대전 중구			2013-03-15

54	대구광역시시도 무형문화재 제1호	고산농악 [孤山農樂]	대구 수성구	대구 수성구 내환동 467번지		1984-07-25
55	대구광역시시도 무형문화재 제3호	욱수농악 [旭水農樂]	대구 수성구	대구 수성구 욱수동 192번지		1988-05-30
56	대구광역시시도 무형문화재 제5호	가곡 [歌曲]	대구 동구	대구 동구 송라로32길 35-1 (신암동)		1989-06-15
57	대구광역시시도 무형문화재 제6호	영제시조 [嶺制時調]	대구 달서구			1990-05-15
58	대구광역시시도 무형문화재 제7호	공산농요 [公山農謠]	대구 동구			1990-05-15
59	대구광역시시도 무형문화재 제8호	판소리	대구 남구	대구 남구 대명5동 1682-20번지		1992-09-08
60	대구광역시시도 무형문화재 제16호	달성하빈들소리 [達城河濱들소리	대구 달성군			2008-04-10
61	부산광역시시도 무형문화재 제1호	범음.범패	부산 부산전역	부산 부산전역		1972-11-05
62	부산광역시시도 무형문화재 제6호	부산농악 [釜山農樂]	부산 서구	부산 서구 서대신동 산2-3번지	부산농악 보존협회	1980-02-12
63	부산광역시시도 무형문화재 제7호	다대포후리소리 [多大浦후리소리]	부산 사하구	부산 사하구 다대1동 468-6번지	사하구	1987-07-02
64	부산광역시시도 무형문화재 제8호	가야금산조(강태홍류) [伽倻琴散調(姜太弘流)]	부산 동래구			1989-07-06

65	부산광역시시도 무형문화재 제16호	아쟁산조 [牙箏散調]	부산 동래구			2009-12-07
66	광주광역시시도 무형문화재 제1호	남도판소리 [南道판소리]	광주 광주전역			1974-05-28
67	광주광역시시도 무형문화재 제2호	판소리강산제 [판소리岡山制]	광주 남구	광주 남구 중앙로 91 (서동)		1976-09-30
68	광주광역시시도 무형문화재 제6호	남도판소리서편제[南道판소리西便制]	광주 광주전역	광주 광산구		1989-03-20
69	광주광역시시도 무형문화재 제8호	광산농악 [光山農樂]	광주 광산구	광주 광산구 어등대로 640 (소촌동)	광산농악 보존회	1992-03-16
70	광주광역시시도 무형문화재 제9호	남도창동편제 [南道唱東便制]	광주 동구	광주 동구 제봉로184번길 9-4 (대인동)		1993-03-20
71	광주광역시시도 무형문화재 제10호	완제시조창 [完制時調唱]	광주 서구		이상술	1995-04-20
72	광주광역시시도 무형문화재 제11호	판소리고법 [판소리鼓法]	광주 남구		감남종	1995-04-20
73	광주광역시시도 무형문화재 제14호	판소리강산제 (심청가) [판소리江山制 (沈靑歌)	광주 서구			1998-02-21
74	광주광역시시도 무형문화재 제15호	판소리동편제 (춘향가) [판소리東便制 (春香歌)]	광주 서구	광주 서구 구성로49번길 7 (양동)		1998-02-21

75	광주광역시시도 무형문화재 제16호	판소리춘향가 (동초제) [판소리春香歌 (東超制)]	광주 남구	광주 남구 중앙 로 105-1 (서동)		2000-05-16
76	광주광역시시도 무형문화재 제18호	가야금병창 [伽倻琴倂唱]	광주 북구	광주 북구 중 흥3동 중흥3동 800-7		2005-03-03
77	제주특별자치도 시도무형문화재 제1호	해녀노래 [海女노래]	제주 제주시	제주 제주시 구 좌읍 행원로8길 3-8 (행원리)		1971-08-26
78	제주특별자치도 시도무형문화재 제17호	진사대소리	제주 제주시	애월읍 납읍리 1589		2005-10-05
79	제주특별자치도 시도무형문화재 제18호	귀리겉보리농사 일소리 [龜里겉보리農事 일 소리]	제주 제주시	애월읍 하귀2리 1893-1		2007-02-28
80	제주특별자치도 시도무형문화재 제20호	제주시 창민요	제주 제주시			2009-07-24
81	경기도시도무형 문화재 제20호	광명농악 [光明農樂]	경기 광명시	경기 광명시 철 산2동 222번지	광명시	1997-09-30
82	경기도시도무형 문화재 제27호	상여 · 회다지소 리[喪輿 · 회다지 소리]	경기 경기전 역	경기 경기전역		1998-09-21
83	경기도시도 무형문화재 제27-1호	양주상여 · 회다 지소리	경기 양주시			1998-09-21
84	경기도시도 무형문화재 제27-2호	화성상여 · 회다 지소리	경기 화성시	경기 화성시 팔 탄면 구장리 772번지		1998-09-21
85	경기도시도 무형문화재 제27-3호	양평상여 · 회다 지소리	경기 양평군	경기 양평군 양 동면 도소리길 41 (삼산리)		1998-09-21

86	경기도시도 무형문화재 제31호	경기소리 [京畿소리]	경기 경기전역			1999-10-18
87	경기도시도 무형문화재 제31-1호	휘몰이잡가	경기 고양시	경기 고양시 덕양구 지도로115번길 36 (토당동)		1999-10-18
88	경기도시도 무형문화재 제31-2호	긴잡가	경기 과천시	경기 과천시 별말로 21 (갈현동)		2000-08-21
89	경기도시도 무형문화재 제32호	송서 · 율창 [誦書 · 律唱]	경기 동두천시	경기 동두천시 생연2동 372번지		2000-08-21
90	경기도시도 무형문화재 제33호	파주금산리민요 [파주금산리民謠]	경기 파주시	경기 파주시 탄현면 금산리 35번지		2000-08-21
91	경기도시도 무형문화재 제35호	포천메나리	경기 포천시	경기 포천시 가산면 메나리길 72 (방축리)		2000-08-21
92	경기도시도 무형문화재 제38호	풀피리	경기 포천시	경기 포천시 영북면 북원로255번길 24 (자일2리)		2002-11-25
93	경기도시도 무형문화재 제46호	양주농악 [楊州농악]	경기 양주시	양주시 광적면 석우리 366-1		2006-03-20
94	경기도시도 무형문화재 제48호	평택민요 [平澤民謠]	경기 평택시	평택시 포승면 포승남로 380		2009-03-10
95	경기도시도 무형문화재 제54호	경기송서-송서율창 [京機誦書-誦書律唱]	경기 동두천시			2011-12-06

96	경기도시도 무형문화재 제55호	동두천민요 [東豆川民謠]	경기 동두천시	상패로 112-13		2013-12-31
97	강원도시도 무형문화재 제1호	정선아리랑(아라리) [旌善아리랑(아라리)	강원 정선군	강원 정선군일원 일원		1971-11-16
98	강원도시도 무형문화재 제3호	강릉농악 [江陵農樂]	강원 강릉시	강원 강릉시 경강로1903번길 26-5 (홍제동)		1984-06-02
99	강원도시도 무형문화재 제5호	강릉학산오독떼기[江陵鶴山오독떼기]	강원 강릉시			1988-05-18
100	강원도시도 무형문화재 제15호	평창둔전평농악 [平昌屯田坪農樂]	강원 평창군	강원 평창군 용평면 용평면		2003-04-25
101	강원도시도 무형문화재 제18호	원주매지농악 [原州梅芝農樂]	강원 원주시	흥업면 매지리 802		2006-01-06
102	강원도시도 무형문화재 제20호	속초도문농요 [東草 道門農謠]	강원 속초시	속초시 도문동 상도문1리 마을 도문동 197번지		2007-02-23
103	강원도시도 무형문화재 제26호	양양 상복골농요	강원 양양군			2013-04-12
104	강원도시도 무형문화재 제27호	고성 어로요 [高城 漁撈謠]	강원 강원전역			2015-05-08
105	충청남도시도 무형문화재 제20호	결성농요 [結城農謠]	충남 홍성군	충남 홍성군 결성면 금곡리 228번지	최광순, 최양섭	1996-11-30
106	충청남도시도 무형문화재 제4호	산유화가 [山有花歌]	충남 부여군			1982-12-31

107	충청남도시도 무형문화재 제5호	웃다리농악 [웃다리農樂]	충남 충남전역	충남 충남전역		1989-01-05
108	충청남도시도 무형문화재 제17호	내포제시조 [內浦制時調]	충남 부여군			1992-12-08
109	충청남도시도 무형문화재 제39호	강독사 정규헌 [講讀師 丁奎憲]	충남 계룡시			2008-02-29
110	충청북도시도 무형문화재 제1호	청주 농악 [淸州 農樂	충북 청주시	충북 청주시 흥덕구 강서동 169-5번지		1992-10-23
11	충청북도시도 무형문화재 제5호	충주 마수리 농요[忠州 馬水里 農謠]	충북 충주시	충북 충주시 신니면 마수리 108번지	마수리농악대	1994-12-30
11	충청북도시도 무형문화재 제11호	진천 용몽리 농요[鎭川 龍夢里 農謠]	충북 진천군	충북 진천군 덕산면 용몽리		2003-03-14
113	충청북도시도 무형문화재 제14호	영동 내포제 시조창 [永同 內浦制 時調唱]	충북 영동군	충북 영동군 학산면 서곡길 51-16 (서산리)		2004-05-07
114	충청북도시도 무형문화재 제19호	악기장 [樂器匠]	충북 영동군			2009-06-19
115	충청북도시도 무형문화재 제26호	석암제 시조창 [石菴制 時調唱]	충북 청주시			2012-05-11
116	전라남도시도 무형문화재 제2호	진도들노래 [珍島들노래]	전남 진도군	전남 진도군 진도읍 성내리		1972-01-29
117	전라남도시도 무형문화재 제3호	남도판소리흥부가[南道판소리興甫歌	전남 전남전역	전남 전남전역		1972-01-29

118	전라남도시도 무형문화재 제4호	남도판소리심청가[南道판소리沈靑歌]	전남 전남전역	전남 전남전역		1972-01-29
119	전라남도시도 무형문화재 제6호	화순한천농악 [和順寒泉農樂]	전남 화순군	전남 화순군 동복면 한천2길 53-1 (한천리)		1979-08-03
120	전라남도시도 무형문화재 제17호	우도농악 [右道農樂]	전남 영광군			1987-08-25
121	전라남도시도 무형문화재 제18호	진도북놀이 [珍島북놀이]	전남 진도군	전남 진도군 의신면 침계리 49-1번지		1987-08-25
122	전라남도시도 무형문화재 제29-1호	판소리(동편제 흥보가)	전남 여수시			2006-12-27
123	전라남도시도 무형문화재 제29-2호	판소리 춘향가 (안부덕)	전남 목포시			2002-04-20
124	전라남도시도 무형문화재 제29-3호	판소리고법 [판소리鼓法]	전남 해남군	해남읍		2002-04-20
125	전라남도시도 무형문화재 제29-4호	판소리 수궁가 (박방금)	전남 목포시		박방금	2008-12-26
126	전라남도시도 무형문화재 제29-5호	판소리 흥부가 (김순자)	전남 목포시			2009-03-20
127	전라남도시도 무형문화재 제21호	장산도들노래 [長山島들노래]	전남 신안군	전남 신안군 장산면 장산동면길 146-4 (공수리)		1988-12-21
128	전라남도시도 무형문화재 제22호	가거도멸치잡이노래[可居島멸치잡이노래]	전남 신안군	전남 신안군 흑산면 가거도길 26-23 (가거도리)		1988-12-21

129	전라남도시도 무형문화재 제33호	시조창 [時調唱]	전남 목포시	전남 목포시 용해동		1999-08-05
130	전라남도시도 무형문화재 제34호	남도잡가 [南道雜歌]	전남 진도군	전남 진도군 의신면 돈지향교길 7-2 (돈지리)		2001-09-27
131	전라남도시도 무형문화재 제40호	조도닻배노래 [鳥島닻배노래]	전남 진도군	조도면 일원 조도면 일원		2006-12-27
132	전라남도시도 무형문화재 제41호	무안상동들노래 [務安 上洞 들노래]	전남 무안군	무안읍 용월리 상동마을		2006-12-27
133	전라남도시도 무형문화재 제46호	담양 황금리 들노래	전남 담양군	수북면 황금리 307번지		2009-12-31
134	전라남도시도 무형문화재 제47호	가야금 산조 [伽倻琴散調]	전남 화순군			2010-05-27
135	전라남도시도 무형문화재 제57호	광양 진월 전어잡이 소리 [光陽 津月 錢魚 잡이 소리]	전남 광양시			2013-12-19
136	전라북도시도 무형문화재 제1호	익산목발노래 [益山木발노래]	전북 익산시	전북 익산시 삼기면 오룡리 438-1번지	박갑근	1973-06-30
137	전라북도시도 무형문화재 제2호	판소리	전북 전북전역	전북 전주시 완산구 전라감영로 36, 외 (중앙동4가)	국악협회	1984-09-20
138	전라북도시도 무형문화재 제2-1호	판소리(수궁가, 홍웅표)	전북 전주시			1984-09-20

139	전라북도시도 무형문화재 제2-2호	판소리(심청가, 이옥희) [판소리(沈淸歌, 李玉姬)]	전북 전주시			1984-09-20
140	전라북도시도 무형문화재 제2-4호	판소리(춘향가, 김유앵)	전북 전주시			1987-04-28
141	전라북도시도 무형문화재 제2-5호	판소리(춘향가, 최채선)	전북 전주시			1992-06-20
142	전라북도시도 무형문화재 제2-6호	판소리(적벽가, 정병옥)	전북 전주시			1992-06-20
143	전라북도시도 무형문화재 제2-7호	판소리(춘향가, 조소녀)	전북 전주시			1996-03-29
144	전라북도시도무 형문화재 제2-8호	판소리(적벽가, 성준숙)	전북 전주시			1996-03-29
145	전라북도시도 무형문화재 제2-11호	판소리(흥보가, 이순단)	전북 전주시			2001-06-15
146	전라북도시도 무형문화재 제2-12호	판소리(심청가) (유영해)	전북 장수군			2001-06-15
147	전라북도시도 무형문화재 제2-13호	판소리(수궁가) (박양덕)	전북 남원시			2003-07-18
148	전라북도시도 무형문화재 제3호	거문고산조(강동일)[거문고散調]	전북 전주시		국악협회	1984-09-20
149	전라북도시도 무형문화재 제4호	대금정악 (김환철)	전북 전북전역	전북 전북전역	국악협회	1984-09-20

150	전라북도시도 무형문화재 제5호	가야금산조(주순례)[가야금散調]	전북 정읍시	전북 정읍시 장명동 195-1번지	국악협회	1987-04-28
151	전라북도시도 무형문화재 제7호	농악 [農樂]	전북 전북전역	전북 전북전역		1987-12-31
152	전라북도시도 무형문화재 제7-2호	정읍농악(상쇠)(유지화) [井邑農樂]	전북 정읍시	전북 정읍시 상사3길 47, 104동 403호 (상동, 엘지아파트)	정읍농악 보존회	1996-03-29
153	전라북도시도 무형문화재 제7-6호	고창농악(설장고)(정기환) [高敞農樂]	전북 고창군	전북 고창군 대산면 성남리 414번지 외		2005-12-16
154	전라북도시도 무형문화재 제8호	가곡 [歌曲]	전북 전주시		국악협회	1992-06-20
155	전라북도시도 무형문화재 제9-2호	판소리장단(고법, 주봉신)	전북 전주시			1996-03-29
156	전라북도시도 무형문화재 제12-4호	악기장(가야금, 고수환) [樂器匠]	전북 전주시			1998-01-09
157	전라북도시도 무형문화재 제14-5호	시조창 (완제, 김영희)	전북 전주시			2012-04-27
158	전라북도시도 무형문화재 제21호	가사(가사)(고민순)	전북 부안군	전북 부안군 부안읍 동중리 154-1번지		1998-01-09
159	전라북도시도 무형문화재 제32호	금과들소리(들소리)(이정호) [金果들소리(들소리)(李正鎬)]	전북 순창군			2005-03-11
160	전라북도시도 무형문화재 제34호	가사(가사) (김봉기)	전북 부안군			2006-06-30

161	전라북도시도 무형문화재 제40호	가야금산조 (산조, 지성자)	전북 전주시			2010-03-12
162	전라북도시도 무형문화재 제46호	전라삼현육각보존회[全羅三絃六角保存會]	전북 전주시			2011-09-30
163	전라북도시도 무형문화재 제49호	가야금병창(병창-박애숙) [伽倻琴竝唱(竝唱-朴愛淑)]	전북 전주시			2013-10-25
164	경상남도시도 무형문화재 제4호	고성농요 [固城農謠]	경남 고성군	경남 고성군 고성읍 동외리		1979-05-02
165	경상남도시도 무형문화재 제13호	함안화천농악 [咸安化川農樂]	경남 함안군	경남 함안군 칠북면 검단2길 48 (검단리)		1991-12-23
166	경상남도시도 무형문화재 제17호	거창삼베일소리 [居昌삼베일소리]	경남 거창군	경남 거창군 거창읍 강남로1길 87 (송정리)		1995-05-02
167	경상남도시도 무형문화재 제25호	신관용류가야금산조[申寬龍流伽倻琴散調]	경남 진주시	경남 진주시 향교로11번길 11-4 (평안동)		2002-08-14
168	경상남도시도 무형문화재 제28호	사천마도갈방아소리[泗川馬島갈방아소리]	경남 사천시			2004-03-18
169	경상남도시도 무형문화재 제34호	영제시조 [嶺制時調]	경남 의령군	의령읍 중동리 371-6 의령읍 의병로 239		2010-11-11
170	경상북도시도 무형문화재 제5호	예천통명농요 [醴泉通明農謠]	경북 경북전역	경북 경북전역		1980-12-30
171	경상북도시도 무형문화재 제28호	가곡 [歌曲]	경북 경주시	경북 경주시 원화로393번길 36 (황성동)		2003-02-02

172	함경무형문화재 제1호	애원성	함경북도 전역			2005-06-01
173	함경무형문화재 제2호	두만강뗏목놀이소리	함경북도 전역			2007-06-11
174	황해무형문화재 제2호	서도소리 '산염불 · 난봉가'	황해도 전역			2009-08-26
175	황해무형문화재 제3호	서도선소리산타령'놀량사거리'	황해도 전역			2009-08-26

상기의 표를 분석하면 음악분야의 중요무형문화재는 판소리 8, 농악 7, 가곡 4, 농요 4, 제줄풍류 2, 삼현육각[39] 2이며 그 외의 종류는 각 1로 나타났다. 지역별로는 전북 29, 전남 23, 서울 19, 경기도 17, 인천 12, 광주 11, 강원도 8, 경남 8, 대구 7, 충북 6, 기타 6, 대전 5, 부산 5, 충남 5, 제주 5, 전북 4, 경북 3, 함경 2, 황해 2로 나타났다.

연희와 의식을 포함한 무용분야가 132개인데 비해, 음악분야는 175개로 음악분야의 무형문화재가 38개가 더 많은 것을 알 수 있다.

05

전주대사습놀이

조선조 숙종 때의 마상궁술대회 및 영조대의 물놀이와 판소리, 백일장 등 민속 무예놀이를 종합하여 사습놀이라고 한다.

영조8년 지방 재인청(신청)과 가무 대사습청의 설치에 따라 전주에 4개정(군사정, 의방정, 다기정, 진북정)을 두어 최초로 전주에서 대사습대회가 베풀어진 뒤 매년 연례행사로 실시하여 대사습대회에서 선발된 권삼득, 신재호, 송만갑 등 15명의 광대에게 의관, 통정, 검찰, 오위장, 참봉, 선달 등의 벼슬을 직접 제수하고 명창칭호를 하사한 바도 있다. 그 후 정조, 순조대까지 계속 벼슬을 전승하여 오다가 외침으로 중단된 이후 1974년 전주에서 전통예술에 뜻이 있는 인사들이 모임을 갖고 추진위원을 결성, 대사습놀이를 부활하였다.

1975년 추진위원회 주관으로 5개부(판소리, 농악, 무용, 시조, 궁도)로 대회 시작하였으며, 1977년 사단법인 전주대사습놀이 보존회 설립등기를 마치고 계속 대회를 주관하였다. 1983년 판소리병창부, 농악부, 무용부, 기악부, 시조부, 민요부, 가야금병창부, 판소리일반부, 궁도부등 9개 부분으로 개최하였고, 2010년 명고수부 신설로 총 10개의 부분으로 전주대사습놀이 전국대회 개최를 개최하였다.

발췌-http://www.jjdss.or.kr/index.php-(사)전주대사습놀이보존회 홈페이지

---

39) 삼현육각 - 북 1, 장구 1, 피리 2, 대금 1, 해금 1

Ⅷ

오늘날의 무용의 현상

01

교육무용

교육무용은 무용을 통하여 교육을 하는 것이자 무용교육을 통한 교육이라는 무용의 교육적 개념을 나타낸다. 일반적으로 교육무용은 이념과 목적, 방법론이 분명히 존재한다. 교육무용만의 형태와 형식을 가지지 않을 뿐만 아니라 특수한 형태 혹은 형식을 만들어 집단화 내지는 일원화하지 않는다. 교육무용에는 운동회, 학예회, 마스게임 등 다양한 무용이 포함된다.

02

기독교무용

기독교 무용의 정의는 구원을 얻은 성도들이 하나님께로부터 받은 은사 가운데 무용적 요소를 포함한 움직임으로 하나님의 주권 하에서 그의 영광을 위하여 추는 일체의 행위라 할 수 있다.

한국에서의 기독교무용은 1900년대 미국에서 파송 받은 선교사들에 의해 시작되었다. 1970년대 여름성경학교 강습회가 시작되고, 활성화되기 시작하면서 어린이 율동이 성행하였고 이후 1980년대에 워십댄스라는 용어로 몸짓예배가 시작되었다.

현재의 기독교 무용은 율동, 워십댄스 등을 비롯하여 신앙을 바탕으로 한국무용, 현대무용, 발레를 접목한 예술성 있고, 전문성을 갖춘 기독교예술무용과 예배무용이 함께 발달되고 있다.

03

댄스스포츠

사교댄스에서 스포츠 요소가 가미되었다. 남녀가 함께 추는 것으로 국제경기 규정종목은 왈츠, 탱고, 퀵스텝, 폭스트롯, 비엔나 왈츠 등 5종의 모던댄스와 룸바, 차차차, 삼바, 자이브, 파소도블레와 같은 5종의 라틴아메리카댄스로 규정되어 있다.

18세기 말에서 19세기 초 영국 상류층 사람들의 사람들이 추었던 볼류댄스에 기원을 두고 있으며 스포츠댄스라고도 부른다.

〈댄스스포츠의 종류〉

스탠더드댄스	왈츠	라이즈와 폴을 실시하면서 추는 전형적인 무빙댄스
	탱고	라이즈와 폴이 없이 일정한 자세를 유지하며 진행되는 댄스
	퀵스텝	캐슬 웨크의 영향을 많이 받은 경쾌한 댄스
	슬로 폭스트롯	동작의 끊어짐 없이 부드럽게 트리 스텝으로 이루어지는 댄스
	비엔나 왈츠	왈츠와 같으나 속도가 빠른 댄스
라틴아메리칸댄스	룸바	4/4박자로 특이한 악기들로 연주, 여성 댄서가 여성다운 춤사위를 표현할 수 있는 댄스
	차차차	밝고 시원하며, 정확한 리듬의 강한 비트 악센트로 춤의 생기를 불어 넣어 줌
	자이브	흑인 춤에서 발생한 지르박의 원형, 빠른 곡부터 로큰롤 디스코까지 폭넓은 리듬에 모두 적용
	삼바	강렬하고 독특한 율동을 지닌 생동감 넘치는 댄스
	파소 도브레	스페인 투우사의 용맹한 모습을 원형으로 하여, 지금의 형태는 프랑스에서 완성되어진 댄스

04

커뮤니티 댄스

최근 무용에 대해서는 무용을 감상만했었던 수동적인 역할에서 벗어나 관객이 함께 즐기며, 참여하고 경험하는 무용으로 변화를 꾀하고 있다. 커뮤니티 댄스는 무용인과 일반인들이 함께 하나의 주제를 두고 무용예술에 참여한다. 공동의 주제를 놓고 움직임을 통하여 내면에 집중하고, 표현하며, 개인이자 공동체인 인간을 인식하고 경험한다. 테크닉이나 보여주기 위한 움직임은 중요하지 않다. 무용을 통해서 자아의 소리를 듣고, 느껴지는 것을 몸으로 표현한다. 나를 만나고, 타인을 만나며 공감하고 하나 됨을 경험하는 것으로 치료적 역할과 더불어 사회적 역할까지 감당하고 있다.

05

스트릿 댄스

20세기 이후 대중문화에 기반을 두고 발전한 춤이다. 스트릿이라는 단어에서 임 극장 혹은 전문적인 무용 스튜디오가 아닌 길거리나 클럽 등에서 형성되었음을 유추할 수 있다. 우리나라에서는 1999년 힙합 페스티벌 이후 사용 되었다.

스트릿 댄스는 대중문화적 모든 춤을 포괄할 수 있으며 비보잉, 팝핀, 락킹, 왁킹 등의 장르와 프리스타일 힙합, 하우스, 크러핑과 같은 장르도 포함된다.

06

플라멩꼬

플라멩꼬는 스페인 남부 안달루시아 지방의 전통적인 민요와 향토무용이다. 그런데 여기에 기타 반주까지 포함되어 세 가지가 하나로 형성하는 민족예술 중 하나이다. 국립발레단 창단멤버였던 주리는 한국인 최초로 스페인 마드리드 왕립무용학교를 수학하였다. 1988년 스페인무용단의 한국인으로서 내한공연을 하였으며 이후 정부초청 공연, 88 올림픽 경기 개막식 등 현재까지도 한국에서 다양한 플라멩꼬 활동을 하고 있으며, 남성 무용수로는 조광이 있다.

<동양의 밤 주리>

IX

한국의 무용에 관한 정보

01

전국 시 · 도립 무용단

한국에서의 국 · 공립단체로서의 무용단은 1962년에 창단 된 국립국악원 무용단, 국립무용단, 국립발레단을 들 수 있다. 현재 국공립 단체로서의 국립무용단은 앞선 3개의 단체 이외에 2004년 창단 된 국립 남도국악원 무용단과 2010년에 비로소 국립현대무용단이 창단되면서 모두 5개의 단체가 되었다. 각 단체들은 전통과 현대의 조화, 예술성과 대중성 등의 조화 및 새로운 문화예술 창출 등을 목표로 활동하고 있다.

공공단체인 국립무용단 이외에도 각 지자체들의 무용단들이 창단되어 있으며 지역사회와 대중을 위한 예술활동을 펼치고 있다. 각 지자체의 무용단은 다음과 같다.

〈공공단체인 국립무용단〉

No	단체명	창단일	소재지	연락처
1	국립국악원무용단	1962년	서울특별시 서초구 남부순환로 2364	02)580-3300
2	국립무용단	1962년	서울특별시 중구 장충단로 59 (장충동 2가, 국립극장)	02)2280-4114
3	국립발레단	1962년	서울특별시 서초구 남부순환로 2406 예술의 전당 오페라하우스 4층	02)587-6186
4	국립현대무용단	2010년	서울특별시 서초구 남부순환로 2406 예술의 전당 오페라 하우스 4층	02)3472-1420
5	국립남도국악원무용단	2004년	전라남도 진도군 임화면 진도대로 3818	061)540-4031

〈문화체육관광부 산하 무용단〉

No	단체명	창단일	소재지	연락처
1	서울예술단	1986년	서울특별시 서초구 남부순환로 2406 예술의 전당 음악당 2층	02)523-0984
2	정동극장	1995년	서울특별시 중구 정동길 43	02)751-1500

〈특별시 및 광역시 단위 시립무용단〉

No	단체명	창단일	소재지	연락처
1	서울시립무용단	1974년	서울특별시 종로구 세종대로 175 세종문화예술회관 내	02)399-1114
2	부산시립무용단	1973년	부산광역시 남구 유엔평화로 76번길 1	051)607-6222
3	광주시립무용단(발레)	1976년	광주광역시 북구 북문대로 60	062)613-8333
4	대구시립무용단(현대)	1981년	대구광역시 달서구 공원순환로 181	053)606-6196
5	인천시립무용단	1981년	인천광역시 남동구 예술로 149 인천종합문화예술회관 내	032)420-2788
6	대전시립무용단	1985년	대전광역시 서구 둔산대로 135 대전예술의 전당 내	042)270-8355
7	울산시립무용단	2000년	울산광역시 남구 번영로 200 울산문화예술회관 내	052)275-9623

〈도립무용단〉

No	단체명	창단일	소재지	연락처
1	경기도립무용단	1993년	경기도 수원시 팔달구 효원로 307번길 20 경기도문화의전당	031)230-3311
2	제주도립무용단	1990년	제주특별자치도 제주시 동광로 69	064)710-7641
3	강원도립무용단	1999년	강원도 춘천시 스포츠타운길 383-6 강원국악예술회관 3층	033)242-5325
4	전북도립국악원무용단	1984년	전북 전주시 덕진구 소리로 31 한국소리문화의 전당 명인홀	063)290-6451

〈일반자치단체 시립무용단〉

No	단체명	창단일	소재지	연락처
1	창원시립무용단	1984년	경남 창원시 진해구 천자로 103	055)225-7381
2	목포시립무용단	1980년	전라남도 목포시 옥암동 815-1	061)283-2101
3	구미시립무용단	1989년	경북 구미시 송정대로 89	054)480-4560
4	청주시립무용단	1995년	충청북도 청주시 서원구 흥덕로 69	043)201-2304
5	익산시립무용단	1998년	전라북도 익산시 남중동 222-3 4층	063)841-0029
6	의정부시립무용단	2002년	의정부시 의정부2동 543-4	031)877-8891
7	천안시립무용단	2005년	충청남도 천안시 동남구 성남면 종합휴양지로 185 천안예술의 전당 문화센터 3층	041)521-3548

〈순수 전문무용단〉

No	단체명	창단일	소재지	연락처
1	유니버셜 발레단	1984년	서울특별시 광진구 천호대로 664	070-7124-1737
2	서울발레시어터	1995년	경기도 과천시 통영로 5 과천시민회관 2층	02)3442-2637

이상의 표를 통해서 국립산하는 5개, 서울시 2개, 도립산하 4개, 시립산하 7개, 일반자치단체 7, 그 외 순수 단체 2개 등이 있음을 알 수 있다. 1960년대에 국립이 3개 단체, 1970년대에 서울, 부산 광주에서 시립단체로 3개, 1980년대 서울 시립, 일반자치단체로서는 6개 단체가 1990년에는 도립과 순수무용단체로 5개 단체, 2000년에 국립, 시립, 일반자체단체(시립) 4개 단체, 2010년대에 국립현대무용단이 창단되어 1962년을 기점으로 2010년까지 48년간 지속적으로 총 27개의 무용단이 설립되었다. 무용문화가 전 국민과 국가를 위한 활동으로 전개되어 왔음을 알 수 있다.

02

무용극장

우리나라에서의 공연장은 국공립 및 각지자체 공연장을 포함하는 공공 공연장과 민간 극장으로 나눌 수 있다. 한국의 국립공연장으로는 국립극장, 국립국악원, 예술의 전당, 정동극장, 국립중앙박불관 극장 용, 아르코예술극장, 명동예술극장, 대학로 복합공연장을 꼽을 수 있다. 서울을 제외한 광역시 및 각 지자체에도 그 지역을 대표하는 예술의 전당 및 시도별 문화회관이 지속적으로 증가하고 있다. 본 서에서는 무용을 공연할 수 있는 서울의 극장을 중심으로 살펴보았으며, 그 내용은 다음과 같다.

1) 공공극장

(1) 국립극장

서울특별시 중구 장충동에 위치한 국립극장은 1950년대에 건립되어 약 66년의 역사를 이어오고 있다. 다목적 공연장인 해오름 극장은 1973년 개관하였으며 1,563 좌석의 규모이다. 달오름극장은 연극 및 창극 전용극장으로 1973년 개관하였으며 512석 규모의 좌석이다. 실험무대인 별오름극장은 74석이며, KB국민은행청소년하늘극장은 627석 규모의 극장이다.

홈페이지 : http://www.ntok.go.kr

대관관련문의 : 02-2280-4122

(2) 국립국악원

국립국악원은 서울시 서초구 남부순환로에 위치하고 있으며 1951년에 개관하였다. 공연장으로는 예악당과 우면당, 풍류사랑방이 있다. 예악당은 장애인석을 제외한 총 706석 규모이며, 우면당은 장애인석을 제외하고 총 348석 규모이다. 풍류사랑방은 130석 규모의 소규모이며 이밖에 연희마당이라는 야외공연장을 가지고 있다.

홈페이지 : http://www.gugak.go.kr/site/main/index001

전화 : 02) 580 - 3042

(3) 세종문화예술회관

세종문화예술회관은 1961년 우남회관으로 시작되어 1972년 화재로 소실된 시민회관의 뒤를 이어 1978년 개관하였다. 서울시 종로구 세종대로에 위치하고 있으며, 대극장과 세종M씨어터에서 무용공연이 가능하다. 대극장은 3,022석, 3층규모이다. 세종M씨어터는 609석의 2층으로 된 중극장 규모의 공연장이다.

홈페이지 : http://www.sejongpac.or.kr/main/main.asp

대관문의 : 대극장 - 02) 399-1621, M씨어터 - 02) 399-1617

(4) 아르코예술극장

1981년 개관한 서울시 종로구 대학로에 위치하고 있으며 대극장과 소극장, 대학로예술극장 3관을 보유하고 있다. 대극장은 2층 규모로 총 604석의 좌석이 보유되어 있으며 영유아를 동반한 보호자가 함께 공연할 수 있는 공간이 마련되어 있다. 소극장은 블랙박스형 공간으로 총 110석 규모의 극장이다. 대학로예술극장대극장은 2층 규모의 프로시니엄무대로 총 504석 규모의 극장이다. 대학로예술극장소극장은 블랙박스형이며 약 130석 규모이다. 대학로예술극장 3관은 프로시니엄 무대로 총 163석의 규모이다.

홈페이지 : http://www.koreapac.kr/Pages/Main.aspx

대관문의 : 02) 3668 - 0007

(5) 예술의 전당

서울특별시 서초구 남부순환로에 위치하고 있으며 1988년 한국 최초의 복합아트센타로 개관하였다. 다양한 시설 중 무용공연이 가능한 극장은 오페라 하우스로 오페라 극장, CJ토월극장, 자유소극장 등이있으며 이중 오페라 극장은 오페라와 발레 전용 극장으로 사용이 된다. 오페라 극장은 4층 규모로 총 2,283석이며 일반 판매석은 1,993석이며, 판매 유보석은 290석이다. CJ토월극장은 3층규모로 총 1,004석이며 일반 판매석 915석, 판매 유보석 89석으로 나눠진다. 자유소극장은 3층 규모로 총 241석 규모이다.

홈페이지 : http://www.sac.or.kr/index.jsp

대관문의 : 02) 580 - 1502, 1522

(6) 정동극장

한국 최초의 근대식 극장인 '원각사'의 복원이라는 역사적 의미와 근현대 예술정신을 바탕으로 1995년 개관하였다. 서울특별시 중구 정동길에 위치하고 있으며 경주에도 극장이 있다. 정동극장은 외부대관보다는 〈MISO:미소〉, 〈SILLA:신라〉라는 전통공연브랜드를 창출하여 지속적으로 공연하고 관객을 개발하고 있다.

홈페이지 : http://www.jeongdong.or.kr/index.do

(7) 국립중앙박물관 극장 "용"

2006년 개관한 극장 용은 국내 최초로 박물관 내에 위치한 공연장이다. 서울시 용산구 서빙고로에 위치하고 있으며 총 805석의 규모의 전문공연장으로 무용공연을 비롯한 다양한 장르의 공연이 가능하다.

홈페이지 : http://www.theateryong.or.kr/web/inc/main.asp

대관문의 : 02) 2077 - 9753

상기의 공공극장 이외에 오늘날에는 구립예술공연장이 설립이 되고, 예술활동이 활발히 이루어지고 있다. 이러한 예술극장을 마련함으로서 구민, 시민의 정서를 함양하고 예술을 통하여 삶을 더욱 윤택하게 하고, 시정활동에 참여할 수 있도록 독려하고 있다.

2) 민간극장

(1) LG아트센터

2000년에 개관하였으며 1,100석규모의 다목적 공연장이다. 서울시 강남구 논현로에 위치하고 있으며 매년 20~25편의 기획공연과 뮤지컬을 비롯한 다양한 대관공연이 함께 이루어지고 있다.

홈페이지 : http://www.lgart.com/uipage/Main.aspx

대관문의 : 02)2005-0114

(2)한국문화의 집

서울시 강남구 테헤란로에 위치하고 있으며 한국문화재재단 소속의 공연장이다. 한국문화의 집 공연장은 반원형 돌출형 무대이며 2층 규모의 총 236석의 극장이다.

홈페이지 : http://www.kous.or.kr/

대관문의 : 02) 3011 - 1723

(3) M극장

2006년 개관한 서울시 강남구 개포동에 위치한 100석 내외의 소극장 규모의 무용전용 극장이다. 다른극장과는 다르게 대관기본 시간이 오전 10시에서 오후 10시까지 12시간이 기본이며 밤 10시 이후 추가 비용이 발생한다.

홈페이지 : http://www.mtheater.co.kr/

대관문의 : 02) 578-6812

(4)남산국악당

남산국악당은 서울시 중구 퇴계로 남산골한옥마을 내에 위치하고 있다. 330석 규모의 공연장으로 전기음향을 사용하지 않은 전통 국악의 자연음향을 감상할 수 있도록 최적화 된 공연장이다.

홈페이지 : http://sngad.sejongpac.or.kr

대관문의 : 02)2261-0512

상기의 극장 이외에도 중 · 소극장 규모의 민간극장이 있으며, 특별한 경우를 제외하고 대체적으로 3시간 혹은 6시간을 기준으로 하여 대관료가 산정되며, 추가경비가 발생한다. 오늘날에는 극장 역시 그 목적에 따라 건축이 되는 경우가 많으므로 내부의 환경 및 시설을 반드시 확인하고 대관하여야 한다.

03

무용협회

1) 한국무용협회

1961년 무용예술의 발전을 도모하고 국제적인 무용예술문화교류를 통하여 무용가의 지위향상과 권익신장을 목적으로 초대 이사장이신 故송범선생님을 주축으로 창립되었다. 현제 21대 이사장은 2005년 19대때부터 연임된 김복희 이다.

주요사업으로는 서울무용제, 대한민국무용대상, 국제현대무용콩쿠르, 전국무용제, 젊은 안무자 창작공연, 전국신인무용경연대회, 전국 초 · 중 · 고등학생 무용 콩쿠르, 학술논문집 발간, 무용대상 시상식 및 송년의 밤 등이 있다.

홈페이지 : http://www.dancekorea.org/main.php

2) 발레협회

1980년 6월 21일 초대회장이신 故임성남 선생님에 의해 창립되었으며 그 목적은 발레 대중화 및 국제적 도약이다. 1998년 사단법인으로 재출범되면서 현재 제6대 회장인 김인숙 회장이 재임 중이다. 주된 사업은 발레 창작활동 지원, 발레의 보급(대중화), 신인 발굴 및 육성(장학), 발레의 국제교류, 발레관련 학술연구, 발레 전문지 출판, 발레 연수회, 기타 협회의 목적달성에 필요한 사업 등이다.

홈페이지 : http://www.koreaballet.or.kr/index.php

E-mail : kba538050@hanmail.net

3) 한국현대무용협회

한국현대무용협회는 제1대 회장인 육완순선생님과 함께 1980년에 창립되었다. 현재 11대 김현남 교수가 회장으로 재임하고 있으며 현대무용의 연구와 발전을 도모하고 창작활동을 위한 회원 상호간의 협조와 자질개발을 목적으로 하고 있다. 더불어 국제적인 무용예술의 문화교류를 통해 한국의 현대무용의 질적 향상과 권익 신장을 목적으로 하고 있다.

주된 사업은 MODAKE(국제현대무용제), 한국현대무용콩쿠르, '생생'춤 페스티벌 등이 있다.

홈페이지 : http://www.modako.co.kr/codako/main.asp

4) 사단법인 우리춤협회

한국무용 전공자들로 구성된 단체가 전무하여 한국무용가들이 그들만의 공간과 정보를 공유할 수 있도록 하기 위함과 21세기의 한국 춤의 발전과 우리 춤의 계승발전을 목적으로 창립되었다. 2006년부터 준비에 들어가 2007년에 창립되었다. 주된 사업으로는 우리춤 맥잇기 경연대회, 우리춤 대축제 등이 있다.

홈페이지 : http://www.woorichum.or.kr/

04

무용관련 학회

한국에서의 첫 무용학회는 1974년 발족한 대한무용학회로서 학회는 2016년 2월 현재 한국연구재단에 등재된 무용학회는 모두 7개이다. 다음과 같다.

1) 대한무용학회

1974년 창립한 대한무용학회는 2005년 무용학회로는 처음으로 한국연구재단에 등재되었다. 대한무용학회는 무용사, 무용철학 및 미학, 무용교육, 무용심리 및 치료, 공연, 움직임 분석 및 기록, 무용문화연구, 무용경영분과, 무용테크놀로지분과등 9개의 분과로 이루어져 있으며 대한무용학회집을 매년 6회 (2월 28일, 4월 30일, 6월 30일, 8월 30일, 10월 30일, 12월 30일)에 걸쳐 학회지를 발간하는 것을 원칙으로 한다.

홈페이지 : http://www.ksdance.org

2) 한국무용연구학회

1981년 창립되어 2015년에 한국연구재단에 등재되었다. 2013년 한국무용연구회를 한국춤협회로 기관명을 변경하면서 한국무용연구학회라는 학술분과로 독립하여 발족하였다. 한국무용연구 라는 학술연구집을 년 3회(3월 30일, 6월 30일, 9월 30일, 12월 30일) 발간한다.

홈페이지 : http://www.jkd.or.kr/

3) 한국무용교육학회

1989년에 창립되었으며 2011년 한국연구재단에 등재되었다. 무용교육에 관한 이론과 실제를 조사연구하여 모든 사람에게 무용교육의 혜택을 받을 수 있도록 하는 무용교육 발전에 기여함을 목적으로 한다. 한국무용교육학회지라는 무용전문학술지를 년 4회(3월 20일, 6월 20일, 9월 20일, 12월 20일) 발간한다. 무용 제분야에 관한 논문은 모두 투고가 가능하다.

홈페이지 :http://www.kdes.or.kr/index.htm

4) 한국무용예술학회

1998년 창립되어 2011년 한국연구재단에 등재되었다. 세계무용연맹 한국본부 학술분과 위원들을 중심으로 발족되었으나 1999년 세계무용 연맹 산하에서 독립하여 국내 학회로 발족하였다. 무용예술학연구 라는 학회집을 년 6회(1월 30일, 3월 30일, 5월 30일, 7월 30일, 9월 30일, 11월 30일) 발간하고 있다. 무용학에 대한 다양한 각도에서의 연구를 모두 수용하고 있다.

홈페이지 : http://www.krsds.com/

5) 한국무용과학회

1999년 창립되어 2013년 한국연구재단에 등재되었다. 한국무용과학회지라는 이름으로 년 4회(1월 31일, 4월 30일, 7월 31일, 10월 31일)에 발간된다. 한국무용과학회는 이밖에도 연수프로그램을 운영하고 있는데 무용과학전문가과정, 논문지도법연수, 바디컨디션닝, 무용과학자 양성프로그램 등이다.

홈페이지 :http://www.dancescience.or.kr

6) 무용역사기록학회

2001년 창립하여 2010년 한국연구재단에 등재되었다. 무용역사기록학 이라는 학술논문집을 매년 4회(3월 31일, 6월 30일, 9월 30일, 12월 31일)발간 하는 것을 원칙으로 하며, 무용과 관련된 주제를 이론적, 실증적으로 다룬 국내외 연구논문은 모두 투고 가능하다.

홈페이지 :http://www.ksdd.org/insiter.php

7) 한양대학교 우리춤연구소

2005년에 창립하여 2011년에 한국연구재단에 등재되었다. 한국 최초의 대학교 부설연구기관으로 우리 춤을 체계적으로 연구하여 한국인의 정체성을 탐구하고 국제적인 문화교류를 통하여 한국춤을 전파하는 것이 목적이다. 우리춤과 과학기술이라는 학술집으로 연 3회(4월 30일, 8월 30일, 12월 30일) 발간된다.

홈페이지 : http://rid.hanyang.ac.kr

■ 참고문헌 ■

강이향 엮음, 김채현 해제, 『생명의 춤 · 사랑의 춤』, 지양사, 1989

김광언 글, 김수남 사진, 『민속놀이』, 대원사, 1990

김매자, 『한국의 춤』, 대원사, 1990

김수진, 『기독교 예술관을 적용한 무용예술의 방향』, 숙명여자대학교 대학원 박사학위논문, 2015

김옥진, 「한국의 노동무용에 관한 연구」, 『무용학회논문집』 제13집, 대한무용학회, 1991

김온경, 「고대제의와 춤의 기능에 관한 연구」, 『한국무용연구』, 한국무용연구회, 1986

김용덕, 『신한국사의 탐구』, 범우사, 1992.

김영탁 저, 『한국의 농악(上)』, 지방문화재보호협회, 1981

김일곤 저, 『한국 문화와 경제활력』, 한국경제신문사, 한경문고, 1987

김태곤 편, 『한국무속도록』, 집문당, 1982

김천홍, 『무용』, 서울육백년사 제3집, 1979

김현숙, 『불교영향을 받은 한국무용의 흐름』, 삼신각, 1991

나현성, 『한국체육사연구』, 교학연구사, 1985

문화예술진흥원, 『문화예술』 6월호, 1992

Maxine Sheets-Jhaonstone, 장정윤 옮김, 『무용한국사』, 교학연구사, 1992

메디컬코리아 편집부, 『한국무용사전』, 메디컬코리아, 2011

서복관 저, 권덕주 역, 『중국예술정신』, 동문선, 1991

석영환, 『새역사와 한민족』, 미래문화사, 1991

송범, 「한국무용의 현대화시론」, 『무용한국』, 무용한국사, 1976

송수남, 배소심, 김미자 편저, 『무용원론』, 형설출판사, 1991

송수남, 『한국무용사』, 금광, 1989

에디스 쉐퍼 지음, 이상미 옮김, 『최고의 예술가이신 하나님』, 두란노, 1991

안제승, 『한국신무용사』, 승리문화사, 1988

이애경, 「무용/영산재 작법 춤사위 연구」, 『한국체육학회지』, 2000.

이진수, 『신라 화랑의 체육사상 연구』, 보령문화사, 1990

이희승, 『국어대사전』, 민중서관, 1961

장사훈, 『일본무용소사』, 세광음악출판사, 1989

장사훈, 『한국무용개론』, 대광문화사, 1984

전완길, 『한국인 · 여속 · 멋 500년』, 교학사, 1980

정병호, 『한국춤』, 열화당, 1985

정혜란, 「한성준에 관한 연구」, 『한국무용연구』 제5집, 한국무용연구회, 1987

조원경, 『무용예술』, 해문사, 1967

조요한, 『예술철학』, 경문사, 1991

조택원, 「춤」, 『춤사』, 4 · 7월호, 1992

최길성, 『무속의 세계』, 정음사, 1985

최래옥, 『우리민속의 멋과 얼』, 동홍문화사, 1992

최승희 저, 정변호 해제, 『조선민족무용기본』, 동문선, 1991

하젤턴 R. 지음, 장정윤 옮김, 『신학과 예술』, 대한기독교서회, 1983

허순선 저, 김광숙 감수, 『한국의 전통 춤사위, -이론과 용어해설 및 도해-』, 형설출판사, 1991

한국민속대백과사전

한국컨텐츠진흥원 - 문화컨텐츠닷컴, http://www.culturecontent.com/main.do

문화체육관광부, 「문화체육관광부 동향/연구 보고서」, 『문화향수 실태조사』, 2000, 2003, 2006, 2008, 2010, 2012, 2014.

ko.wikipedia.org

study.zum.com

http://www.jjdss.or.kr/index.php-(사)전주대사습놀이보존회

「제2회 Argon Dance Festival, 마라나타, 안무, 박순자」

「제5회 대한민국 무용제 안무상 수상작 '연습실' 안무 박순자」

◀▼「서울시립무용단 공연, 갈보리산 위에, 안무 문일지」

「서울시립무용단 공연, 버스를 타고, 안무 박순자」

박 순 자 교수 프로필

숙명여자대학교 무용과 교수
숙명여자대학교 평생교육원 선교무용반 교수
한국기독교무용학회 회장
한국무용예술학회 이사
한국무용교육학회 이사
사) Argon Dance Association대표

〈학력〉

숙명 여자 대학교 체육학과 졸(무용 전공)
숙명 여자 대학교 대학원 체육학과 졸(무용 전공)
중앙총회신학원대학교 M.Div과정 졸

◎ 논문

무용예술의 발전을 위한 대학무용교육의 방향 제시(2013)
잠언의 분석과 기독무용인의 자세(2012)
무용의 미적가치관 변화의 필요성(2009)
크리스천댄스의 사적 고찰과 그 유형에 관한 연구(2005)
기독교적 관점에서의 무용치료의 가능성(2003)
동.서양 무용사를 통한 여성무용가 출현의 사회적 배경과 영향(2001)
무용교육에 있어서 선교의 필요성(2000)

◎ 저서

성서에 의한 무용창작의 완성과 조건(2012), 스포츠북스
21세기 기독교적 무용의 접근(2004), 도서출판 금광
좋은 춤 만들기(2001), 프레이즈
좋은 춤 추기(2001), 프레이즈
아름다운 춤, 성령의 춤(2001), 프레이즈

◎ 공연

제19회 박순자의 춤 춤으로 받으소서「70년, 희년의 춤」워싱턴 공연
제18회 박순자의 춤 춤으로 받으소서「생명... 만남」공연
2015년 종교문화축제 기독교무용 공연 참가

◎ Festival 기획

2015년 제4회 Argon Dance Festival
2015년 제11회 대한민국선교무용축제

◎ 수상

제5, 6회 대한민국 무용제 참가 (5회 안무상 수상)
2009 문화예술선교대상-한국기독교총연합회 문화예술위원회
2011 시사투이데 선정 올해의 신한국인 교육인 대상

한국
무용

한국무용사

초판 인쇄 2021년 05월 10일
초판 발행 2021년 05월 15일

지은이 박순자
펴낸이 진수진
펴낸곳 청풍출판사

주소 경기도 고양시 일산서구 덕이로276번길 26-18
출판등록 2019년 10월 10일 제2019-000159호
전화 031-911-3416
팩스 031-911-3417
전자우편 meko7@paran.com